トヨタ社員だけが
知っている

超効率仕事術

渡邉英理奈
Erina Watanabe

フォレスト出版

はじめに

なぜ、早く帰ろうと思っても、結局早く帰れないのか？

「今日こそは早く帰ろう」

毎朝そう思って家を出るのに、一日中飛び回るように働いているのに、思うように仕事は進まない。結局帰りは22時過ぎ。家に帰ってテレビを観ながら夕食を食べて、お風呂に入って、寝て。

そして、また朝が来て。

気づけば疲れが溜まって、疲れを癒すために週末を使う——。

そんな毎日を過ごしていませんか？

そんなあなたに朗報です！

あなたの「仕事の仕方」を変えるだけで、驚くほど、毎日が変わっていきます。

そうは言っても、「そんなうまくいくわけがない」と思うかもしれません。

でも、絶対に変わることができると断言できます。

なぜなら、あなたはまだ、**本当に効率を上げる仕事の仕方を知らないだけ**だからです。

その仕事の仕方を知り、少しでも実践するだけで、仕事の成果が変わり、時間の使い方が変わり、毎日が変わっていきます。

本を読んでも、助言をもらっても、
出口の見えない日々

なぜそこまで断言できるのか？

それは、かつての私がそうだったからです。

私は大学卒業後、トヨタ自動車に入社し、文系総合職として働いていました。

トヨタは、私にとって第一志望の会社で、入社をとても楽しみにしており、やる気満々の新入社員でした。

しかし、入社してから2年間は、正直仕事が楽しくありませんでした。

仕事のやりがいは十分すぎるほどあり、職場環境も良かった。それなのに、楽しくない。

原因は、自分にありました。

仕事の仕方がわからなかったのです。

わからないことがわからない。

毎日のように上司に怒られ、先輩に注意され、何をすれば正しいのか、何をすればうまくいくのか、よくわからないまま毎日を過ごしていました。

「入社3年目まではそんなもの」と思われるかもしれません。

でも、いつになったら怒られずに仕事ができるようになるのかと、出口の見えない思いで仕事をしていた当時の私にとって3年は長すぎます。

どうすれば仕事がうまくいくのか。

どうしたら、上司に怒られないのか。

その方法を探して、本を読んだり、先輩にアドバイスをもらったりしましたが、イマイチよくわからない。

コツや考え方などはわかるようになったものの、それらはバラバラの知識の寄せ集めで、体系立てて、「うまくいく仕事の仕方」を教えてくれるものはありませんでした。

なぜ、私はうまくいかないのか？

なぜ、毎日遅くまで残業しても、仕事が終わらないのか？

そのときの私にはわからず、月日ばかりが過ぎていきました。

早く帰れない人に起こっていること

あのときの自分や、早く帰れずにいる人たちを見てみると、今ならその理由がわかります。

それは、**「やり直し」や「ムダ」が多い**ことです。

残業を生み出す二大原因です。

プロセスにムダがあったり、ムダな作業をしていたり、ミスや勘違い、確認不足によるやり直しがあったり……。

これらのことが邪魔をして、想定以上に時間がかかってしまったという事態になり、帰る時間が遅くなるのです。

そして、1つの作業や資料づくりが遅れると、本来やるはずだった別の仕事が遅れ、次から次へとやるべき仕事が溜まり、「全然終わらない！」「やることがいっぱい！」という状態を引き起こし、慢性的に早く帰れなくなるわけです。

このように、早く帰れない諸悪の根源は、この「やり直し」や「ムダ」にあるのです。

「やり直し」や「ムダ」な作業はなぜ発生するのか？

そもそも、やり直しをしたくて、わざわざする人はいないでしょう。

では、なぜ、やり直しやムダが発生してしまうのでしょうか？

その原因は、**仕事を完了させるまでのプロセスとスケジュールを曖昧《あいまい》にしたまま作業を進めている**ことにあります。

例えば、上司から企画書の作成を2週間後に〆切で任されたとします。

なんとなく、「2週間後ならまだ余裕はあるから、まず今の手持ちの仕事を片づけてしまおう」と手持ちの仕事に取り掛かる。

ふと気づいたら、〆切まで1週間を切っていて、「早くしなきゃ」と焦り、なんとなく頭で考えていた内容で資料作成に取り掛かり、途中でデータをまとめたり、参考資料を探したりするのに、想定以上の時間がかかってしまった。

やっとできあがって上司に見せたら、「この情報が足りない」「こんな場合はどうするのか」「もっと細かいところまで考えてほしかった」などなど、ダメ出しされて、挽回《ばんかい》するために今日も残業……。

こんな状態になってしまうのは、すべてプロセスとスケジュールを明確にせず、**行き当たりばったりで仕事をしている**からです。

参考資料として使われるだけの簡単な企画書やルーティンでつくっているレポートなら、それでもなんとか回るかもしれません。

でも、初めて作成する難しい企画書や大きなイベント、会議などの資料の場合、行き当たりばったりのやり方では、確実にやり直しやムダが発生します。

2時間の時間投資が与える大きなメリット

これまでの「なんとなく仕事に取り掛かる」スタイルをやめて、プロセスとスケジュールを明確にしてから仕事に取り掛かる。

これで、すべて解決します。

「準備が面倒くさそう……」

「その準備にかける時間がもったいない」

そう思うかもしれませんが、慣れてしまえばこの準備で1時間、慣れていない場合でも2時間ほどで終わります。

この**2時間の投資でやり直しやムダがなくなれば、今までより数日単位で時間を短縮**することができます。

まさに、急がば回れ。

この2時間をかけるかどうかで、その後が大きく変わります。

時短テクの小技をいくつも試すより、圧倒的に時間を短縮できます。

確かに、忙しいときにはすぐに仕事に取り掛かりたくなり、2時間なんて時間はかけられないと感じるでしょう。

しかし、この2時間の投資のメリットは、時短だけではありません。

この2時間の投資によって数日単位で時間を短縮できるだけでなく、**「アウトプット」の質が上がる**ことに加え、**まわりの人に作業の分担をお願いしやすくなり、上司や関係者に適切なタイミングで報連相がしやすくなり、**コミュニケーションも良くなります。

「あの仕事どうなった？」と聞かれるプレッシャーもなくなります。

これは、劇的に仕事の仕方が変わる2時間なのです。

創業以来トヨタに息づく
ムダをなくし、品質も上げるメソッドを体系化

では、どのようにプロセスとスケジュールをつくるのか。

その答えは、トヨタの「自工程完結」というメソッドの中にあります。

「自工程完結」とは、元々はトヨタの製造現場で、常に良い品質のものを生産するために大切にされていた概念のようなものでした。トヨタの強みである品質の高さは綿密につくり込まれたプロセスがあって生み出されるものです。

そして、そのプロセスは、必ず良いアウトプットが出せる「作業標準書」、いわばマニュアルのようなものとして各生産現場で継承され、改善され、現場で新しい人が来ても、管理者が代わっても、同じ品質のクルマがつくれるようにしています。

つまり、「綿密にプロセスをつくり込めば、誰でも、迅速かつ常に良い結果が出せる」ということです。

ただ、この概念、そして「作業標準書」は、生産現場でしか使われていませんでした。

そこで、**その概念を体系立てて整理し、ステップとしてまとめ、生産現場だけでなく、ホワイトカラーの職場でも実践できるようにし、研修として世界中のトヨタに展開する**という仕事を任されたのが当時の私です。

全世界のトヨタの事業体で使うためのテキストを執筆し、海外事業体の研修講師を育成する研修を設計し、その研修の講師をしていました。

また、研修講師として教えるだけでなく、私自身も日々の仕事や後輩指導でホワイトカラー向けの「自工程完結」を実践していました。そのため、「自工程完結」については社内で一番理解し、実践している社員でした。

実践していく中で感じていたのは、このメソッドは、**初めて着手する仕事や、大きな企画やイベント運営などに多大な効果を発揮**してくれるということです。

「どのように仕事を進めていくべきか」

「〆切までに間に合うのか」

といった不安を解消してくれます。

さらに、**やり直しやムダなく、最適なアウトプットを出すことができます。**

アウトプットとは、成果物や仕事が完了したあとの状態を指します。

本書では、企画書やプレゼン資料などの物理的な成果物だけでなく、会議や接客などの情報やサービスのような形のない成果物や結果も意味します。

何度も行なってきたルーティンワークの場合であっても、改めて、ムダのない効率的なプロセスやスケジュールを作成できるので、業務の効率化に役立ちます。

本書でお伝えする**「超効率仕事術」**は、トヨタの長い歴史の中で、常に良いものをつくり続けるということで成果を出してきた**「自工程完結」というメソッドをベースに、トヨタ以外のホワイトカラーの仕事でも実践しやすいようにアレンジしたメソッド**です。

「スピード」と「質の向上」の両立を実現

――「トヨタ社員だけが知っている超効率仕事術」活用の3つのメリット

私自身、トヨタから独立し、これまでとはまったく違う仕事をする機会が何度もありましたが、そのたびにこのメソッドを活用し、成果を出しています。

また、私が個別指導やコンサルタントをさせていただいているお客様の仕事でも、大幅なアウトプットの向上やプロセスの効率化を実現しています。

トヨタに息づく「自工程完結」をホワイトカラー向けにカスタマイズした「超効率仕事術」を活用し、やり直しやムダがなくなると、主に次の3つの変化を体感することができます。

1つ目は、プロセスや作業にムダな時間とエネルギーを使わないので、効率的に成果を出せるようになります。

同じ仕事量であっても、効率化することにより、時間を短縮できるので、いわゆる

「仕事が速い人」になれます。その結果、今まで新規の業務を増やす余裕がないために任されなかった新しい仕事や大きな仕事を任されるようになったり、成果を多く出せるので、まわりから評価されるようになります。

2つ目は、やり直しという想定外の事態が起こりにくい分、想定内の時間で仕事を完了できるようになります。

想定内の時間で仕事ができるため、今日は早く帰りたいという日には早く帰り、今日は頑張るぞという日には残業する、というように仕事をコントロールできるようになるのです。

その結果、プライベートを犠牲にしなくて済むようになるので、家族との団欒《だんらん》やジムに行ったり、おいしいものを食べに行ったり、自己研鑽《けんざん》をしたりと、プライベートを充実させることができます。生活スタイルがガラリと変わるようになります。

3つ目は、モチベーション高く、仕事をすることができます。

やり直しが減るので、一生懸命準備したアウトプットを否定されたときの失望や「またイチから考えなきゃ」という心理的負担が減ります。逆に、仕事で評価されたり、今までやりたかった仕事がやれるようになったりするので、仕事へのモチベーションが高くなり、仕事が楽しくなります。

業界・職種を問わずに使えるメソッドの重要エッセンスを凝縮

先に挙げた変化をあなたに起こすため、本書では「超効率仕事術」を、誰もが実践しやすいように、８つのステップにまとめて、わかりやすく解説していきます。

第１章「トヨタ社員だけが知っている『超効率仕事術』とは？」では、ベースとなった「自工程完結」というメソッドについて言及しながら、「理想的な仕事の仕方」について解説します。

第２章「プロセス&スケジュールをつくる」では、超効率仕事術の要となるプロセスとスケジュールのつくり方を各ステップに分けて解説します。ここまででプロセスとスケジュールはいったん完成します。

第3章「人を巻き込んで、さらに効率を上げる」では、自分一人で考えたプロセスとスケジュールを関係者と共有し、さらに、質の良いものにしていきます。そして、関係者を巻き込むことで、人の知恵や力を借り、仕事を進めやすくする方法を解説します。

報連相が苦手な人も、この章のメソッドを実践すればスムーズで効果的な報連相ができるようになります。

明日からまず実践すべきこともポイントとしてまとめていますので、さっそく実践してみてください。まずはＳｔｅｐ１だけでも、各Ｓｔｅｐの一部だけでもＯＫです。少しずつでも実践すれば、あなたの仕事の仕方が劇的に変わります。

第4章「次の仕事へつなげる仕事術」では、仕事が終わったあとに、さらにレベルアップするためのコツを解説します。ここまでやり遂げることで、あなたの仕事のレベルは格段にアップします。

それでは、さっそく始めましょう。

この本があなたの人生に変化を生み出す一助になることを心から願っています。

トヨタ社員だけが知っている 超効率仕事術◎CONTENTS

第1章 トヨタ社員だけが知っている「超効率仕事術」とは？

第2章 プロセス&スケジュールをつくる

Step 1 仕事の目的とアウトプットを考える

Step 2

大まかな実施事項をリストアップしてスケジュールをつくる

Step 5 作業をするために必要な「物」「情報」を考える

第3章 人を巻き込んで、さらに効率を上げる

Step 6 作業の役割分担を考える

Step 7 関係者にプロセスとスケジュールを共有する

Step 8 スケジュールの進捗管理

第4章 次の仕事へつなげる仕事術

装幀◎河南祐介（FANTAGRAPH）
本文＆図版デザイン◎二神さやか
DTP◎株式会社キャップス

第1章

トヨタ社員だけが知っている「超効率仕事術」とは？

トヨタに息づく「自工程完結」とは何か？

本書でお伝えする「超効率仕事術」のベースとなっているのが、「自工程完結」です。「自工程完結」は元々、トヨタの中で継承され、大切にされていた、高い品質のアウトプットを継続的に生み出すための概念です。

「品質は工程でつくり込む」という言葉が「自工程完結」の神髄です。

第三者のチェックや確認に頼るのではなく、自分自身で第三者によるチェックが不要なレベルにまでアウトプットをつくり込む。その結果、常に高い品質のアウトプットを生み出すことが可能になる——。

トヨタでは、**「検査の理念は、検査しないことにあり」**という言葉があり、生産現場で受け継がれてきた考え方でした。海外でも国内でも、昼でも夜でも、担当する人が代わっても、トヨタが常に良い品質のクルマを生み出してきたのは、こういった概念が現場に息づいていたからです。

ホワイトカラー向け「自工程完結」が生まれたきっかけ

しかし、私がこの「自工程完結」を、全世界に数万人いるトヨタのホワイトカラーの社員に普及させるという栄誉ある仕事を任されるまでは、「なんとなく聞いたことがある」という程度の言葉でした。

生産現場では受け継がれてきてはいたものの、ホワイトカラーの職場では縁のない考え方のように感じていました。

それは私だけではなく、多くのホワイトカラーの社員もそうでした。

そんな状況が変わったのが、2011年のことです。

きっかけは、2009年から2010年に起こった一連のリコール問題です。2009年8月に米国で高速走行中にあるレクサス車が制御不能となり、一家4人の乗員全員が亡くなるという事故が発生しました。

さらに、2010年には、カローラ、カムリなどの主力製品でアクセルペダルの戻り遅れにより全世界でリコール。そして、日本でも、プリウスのリコールが発表され、高品質というイメージのトヨタブランドが揺らぎました。

これを受けて、多くのお客様にご迷惑をおかけしたことを深く反省し、「ホワイトカラーの職場でも、品質意識を持って仕事をする」という方針が明確に打ち出されました。そして、品質を守る考え方である「自工程完結」がトヨタの全社員が必ず受講する研修に導入されることが決まったのです。

実際には2007年から、ホワイトカラーの職場にも「自工程完結」を普及させようという動きはありました。しかし、その当時は全社員必修の研修としてではなく、希望者が受講できる研修として存在していました。

そのため、なかなか全社的に認知が進まず、私をはじめ、多くのホワイトカラーの社員が「なんとなく聞いたことがある」という状態でした。

全社員必修の研修になったことで、必修科目としてふさわしい研修コンテンツ、テキスト、カリキュラムに体系立てて整理する必要が出てきました。

その仕事を任されたのが、トヨタの人材育成部署、トヨタインスティテュートにいた当時の私でした。

ホワイトカラー向け「自工程完結」の誕生

元々概念だった「自工程完結」を、全世界のトヨタの必修科目として普及させる上で、大切にしていたのは次の3点です。

これは、**「自工程完結」の大きな特長**でもあります。

①どの国、地域でも使える

全世界のトヨタで必修の研修とするため、日本人しか使えないメソッドでは意味がありません。そのため、米国、ヨーロッパ、アジア、中国の地域統括の教育担当者と議論しながら、メソッドをつくり上げました。

つまり、文化や国民性を超えた普遍性のあるメソッドになっています。

ありますす。

②若手の社員が実践できる難易度

「自工程完結」は、仕事の基本、型のようなものです。「段取り」と言われることもあります。

そのため、実際に業務を遂行する役割の若手社員でも取り組みやすいよう、わかりやすさと実践のしやすさを重視し、ステップ化し、テキストにまとめました。

個人の能力差、経験値を問わず、誰でも、着実に結果につながるメソッドになっています。

③あらゆるホワイトカラーの職場で使える

「自工程完結」は生産現場のようなルーティンワークにしか使えないという考え方を払拭するため、ホワイトカラーの実際の業務を想定しながらステップ化しました。

企画業務や調整業務など、一見するとプロセスがないように思える仕事でも、実は理想のプロセスがあり、その基本プロセスを誰でもつくれるようにステップをつくり込みました。

部署や役職、業種を問わず、運用し、結果が出せるメソッドになっています。

さらに、このメソッドを本当に使えるものにするため、生産現場で「自工程完結」を長年実践してきた現場の先生役に、何度も話を聞きに行って推敲《すいこう》を繰り返しました。「自工程完結」の理解に間違いはないか、ステップに抜け漏れはないか、これまでの経験上実践する上でやりにくい点はないか、検討を重ね、その都度確認をしてもらいながら体系化しました。

このように、国や地域、職場経験や仕事の種類を問わず、誰でもムダやり直しのない高い成果を生み出せるメソッドとして生まれたのがホワイトカラー向け「自工程完結」であり、本書でお伝えする「超効率仕事術」のベースとなっています。

「目的地」「最短ルート」「到着時間」を確認・準備する

前述のとおり、「自工程完結」は、常に最速で最良のアウトプットを出し続けるために、プロセスを整え、改善をし続けることです。

つまり、この**プロセスがつくれさえすれば、それに沿って仕事をしていくだけで、最速で最良の結果を出せる**ということです。

逆に言うと、「仕事にミスややり直しが多い」と悩む人の多くは、このプロセスをつくることができないために、ミスややり直しが発生しています。

どのようなアウトプットをつくるべきか、そのためには、どのようなプロセスで進めればいいのか。

これらすべてが曖昧なまま、勘を頼りに仕事をしています。

これは、**目的地をきちんと理解しないまま、やみくもにスタートし、何となくこの**

道で合っているかなと地図も確認せずに走っているのと同じです。

そして、やっとゴールしたと思ったら、ここがゴールではないと言われて、意気消沈する状態です。せっかく一生懸命走っても、ゴールが間違っていては結果は出せません。

それと同じことを仕事でもしているのです。

それに対し、「自工程完結」は、**最初に目的地をしっかり確認**します。

「なんとなくここら辺」ではなく、「住所やビルの何階のどの部屋」という細部までしっかりです。

そして、その**目的地までの最短ルートをつくり上げます**。

「国道1号線のこの信号を左、この交差点を右」というように、誰にでもわかるようにルートを決めます。Google マップで目的地を入力すると、ルートの詳細が出てきます。あのイメージです。

「何時までに着かなければいけない」という「期限」がある場合には、「何時までにこの地点、何時までにこのサービスエリアを通過」というように、**スケジュールを立**

て、制限時間までに目的地に到着できるようにします。

①目的地を確認
②最短ルートをつくる
③制限時間から逆算して、スケジューリング

ここまで準備すれば、決めたルートを歩き、時間までに各ポイントを通過していくだけです。

ポイント通過の際に決められた時間に間に合わず、遅れがあれば、そこで問題があることに気づけます。遅れも挽回できます。

その結果、目的地に時間どおりにゴールすることができるわけです。

これが「自工程完結」のイメージです。

だから、「自工程完結」は常に最速で最良のアウトプットを出し続けることができるのです。

ミスばかりだった新入社員に起こった劇的な変化

実際に私の後輩も、仕事ができずに悩んでいた状態から、「自工程完結」のおかげで、成果を出せるようになりました。

その後輩は、大学を卒業して入社したばかりでした。入社したばかりなのでわからないことが多く、仕事ができないのは当たり前です。

しかし、一度教えられたはずの仕事もミスややり直しが連発し、どうしたら直るのだろうと悩んでいました。

私は彼女の「職場先輩」。トヨタでは、新人には「職場先輩」という何でも教えてくれる先輩が必ずつきます。いわば、職場のお兄さん、お姉さん役です。わからないことはすべて職場先輩に聞く。困ったら何でも職場先輩に聞くという制度です。

私は職場先輩として、彼女を成長させてあげたいと思ったので、毎朝30分、打ち合わせとして、「昨日はどんな仕事をしたか」「今日はどんな仕事をする予定になっているか」「〆切の近い仕事は何か」などを聞いて相談に乗っていました。

その打ち合わせでの内容や彼女の仕事ぶりを見ていると、**アウトプットを出すまでのプロセスがわかっていないことがミスややり直しの原因**であることが判明しました。

そこで、「自工程完結」を活用し、仕事のプロセスを明確にし、仕事を進めるように毎朝指導をしていったところ、みるみるうちに仕事の仕方が変わり、仕事ができるようになったのです。

具体的には、ミスややり直しが減ったのはもちろんですが、先輩に頼らずとも一人で仕事を回せるようになり、問題が起きても的確に報連相をし、解決できるようになりました。電話応対やメールでも、自信を持って回答ができるようになってきたのです。

そして、ミスややり直しが多いために、暗くなっていた表情や自信がないような話し方も変わり、明るい表情でハキハキと話し、笑顔も格段に増えていきました。

「はじめに」でもお話ししたとおり、私自身も「自工程完結」と出会う前は、同じように仕事ができず、仕事の仕方にも自信がなく、苦しいだけの仕事でした。

しかし、「自工程完結」の仕事の仕方を習得してから大きく変わりました。この後輩も例に漏れず、私と同じく劇的に変わっていったのです。

「自工程完結」をベースにした「超効率仕事術」

私はその後、トヨタを退社し、トヨタで培った経験を基に、業種や職種を問わず、一人でも多くのビジネスパーソンに仕事の効率化ノウハウをお伝えするべく、業務効率化・仕組み化コンサルタントをしています。

その際に軸となったのが、トヨタ時代に開発に携わったホワイトカラー版「自工程完結」です。

このメソッドをベースに、より実用性の高いものにすべく、ステップの順番を変えたり、新たなステップを付け加えたりしてアレンジのための試行錯誤を開始しました。

独立後、あらゆる業種のクライアント（主に会社経営者）へのコンサルティング、あらゆる立場・職位のセミナーの受講者（経営者と会社員の両方）のワークを指導してきた経験から、「自工程完結」のメソッドそのままではなく、「こうしたほうが実践しやすくなる」「ここは表現の仕方を変えたほうが理解しやすくなる」「ここまではいらない」など、試行錯誤を繰り返しながら体系化したのが「超効率仕事術」です。

「超効率仕事術」で何が変わるのか？

「超効率仕事術」を使えば、初めて担当する仕事やこれから始める企画であっても、期限までに最良のアウトプットを出すことができます。

この全体的なメリットに加え、次のような効用が期待できます。

◎「ムダな作業」「やり直し」がなくなる。
◎自分のペースで仕事が進められる。

◎仕事を始める前の不安がなくなる。
◎高い品質のアウトプットが出せる。
◎ミスが未然に防げる。
◎残業をコントロールできる。
◎仕事の型を習得できる。
◎プロセスやスケジュールのタイトさと余裕さがあらかじめ見える。
◎役割分担やまわりへの協力依頼がしやすくなる。
◎上司や関係者からフィードバックが随時得られる。
◎上司や関係者からのプレッシャーがなくなる。
◎上司や関係者から安心感、信頼感が得られる。

これらは、ほんの一部です。
私の研修を受けた受講生や実践者から多くの声が届いています。
今までなんとなく手探りで仕事を進めていた人は、仕事の型を習得することができるので、進め方に迷うことがなくなります。

あらかじめプロセスやスケジュールが見えるようになるので、役割分担や協力の依頼がしやすくなります。直前になって助けを求めるのではなく、事前に協力を依頼できるので、頼まれるほうも、余裕を持って依頼を受けられます。

あらかじめ上司や関係者とプロセスとスケジュールを共有するので、その時点でさまざまなフィードバックを得ることができ、ムダな作業や問題が起きそうな作業を回避することができます。

そして、上司や関係者としてもプロセスやスケジュールがわかるので、「あの仕事はどうなっている？」「ちゃんと間に合うのか？」とハラハラすることがなくなります。上司や関係者をハラハラさせないということは、「あいつに任せていれば大丈夫」という安心感を持ってもらえます。安心感を持ってもらえるということは、あなたの評価もおのずと高まっていくということです。

今まで行き当たりばったりの仕事の仕方をしていたという人ほど、その効果と変化を実感できるはずです。

第2章

プロセス＆スケジュールをつくる

Step 1 仕事の目的とアウトプットを考える

「やり直し」になるかどうかは、依頼されたときの答え方で決まる

この章からは、トヨタ社員だけが知っている「超効率仕事術」をより実践しやすいように、各ステップに分けて解説していきます。

各ステップに沿って仕事をしていけば、「超効率仕事術」を日々の仕事の中で実践できるようになり、あなたの仕事の仕方が、あなたのアウトプットが、大きく変わります。

なお、ここで言う「アウトプット」とは、すべての仕事が終わったあとにできあがるものを指します。

それは、決裁書や企画書、クルマやパソコンなどの形あるものはもちろん、商談や会議、イベントなどの形のないものも該当します。

「仕事のあとの成果」と考えていただくといいかもしれません。

まず初めに、**「一番大事なのに、多くのビジネスパーソンが見落としている」**重要ポイントからお話しします。

このポイントをマスターするだけでも、効率が何倍も上がったり、数日かかる仕事が数時間で終わったりします。

そのくらい効果があることなのに、これまでコンサルティングしてきたクライアントやセミナーの受講者は、ほとんどできていませんでした。そのポイントをお伝えすると、皆さん、「確かにあまり考えてこなかった」と口をそろえて言います。

その多くの人が見落としがちなポイント。

それこそが、この「超効率仕事術」の最初のステップ**「仕事の目的とアウトプットを考える」**です。

例えば、あなたが上司から、「この企画の企画書をつくって」「この会議の運営を任せるからよろしく」。

こんなふうに仕事を任されたとき、あなたはどういう回答をしているでしょうか？

「わかりました！　頑張ります！」

こう言って、すぐに企画を考え始めていませんか？

実は、やり直しのほとんどは、この時点からすでに発生しているのです。

「何も間違った対応をしていないように見えるけど？」

そう思うかもしれません。

対応が間違っているというより、大事なことが抜け落ちているのです。

それは、「目的」と「アウトプット」を確認することです。

この確認をするか、しないかで、あなたの仕事の成果はまったく変わってきます。

目的とアウトプットを考える。

まず、とても重要で忘れがちなこのポイントについて詳しく見ていきましょう。

仕事を始める前に、必ず考えなければいけないこと

多くのビジネスパーソンは、日々、たくさんの仕事を抱えています。そのために、一つひとつの仕事をこなすことで精一杯になっています。

そんな状態なので、1つの仕事を終えたら、すぐに次の仕事の作業を始め、目の前に見えているToDoリストを消していくことに邁進《まいしん》しがちです。

しかし、ここで何も考えずに次の作業に移ってしまうその手を止めてください。そして、仕事を始める前に考えてみてください。とても重要な、あることです。

仕事を始める前に考えるべきこと。

それは、まず、「目的」を確認することです。

これをしていない人、怠っている人がとても多いのです。

仕事をすること自体、つくること自体が目的になってしまい、企画書をつくれば、会議を開けば、それでいいと思ってしまう。

忙しいから次々作業をこなすことに注力してしまい、肝心のアウトプットがなおざりになっている人が多いのです。

その結果、やり直しやミスが多く発生しています。

「つくるもの」「やること」がわかっていれば、仕事はうまくいく!?

「目的」を確認、認識していないと、間違ったアウトプットをしてしまう可能性が出てきます。

言い換えれば、**「目的」次第で、「アウトプット」も変わる**のです。

本来の目的を考えれば、別のアウトプットのほうがふさわしいのに、手段ばかりを考えてしまい、必要のないアウトプットや目的達成には効果のないアウトプットをつくってしまうことになります。

そうお伝えすると、

「何をつくればいいかわかっているなら、目的なんてわざわざ確認する必要あるの？確認するだけ面倒な奴と思われそう……」

と思う人がいるかもしれません。

ではここで、「仕事」ではなく、「アウトプットを生み出す」という意味で共通する「料理」の例で考えてみましょう。

例えば、夕食づくり。

夕食をつくる「目的」が、大事なお客様に料理ふるまうことだったらどうでしょうか？

使う素材も、つくるメニューも、使うお皿も、できるだけ良いものを厳選するでしょう。いつも家庭で出している料理とはひと味違った、凝った料理やおしゃれな料理、みんなでつまみやすい料理などをつくりますよね。お皿も普段使っているものではなく、とっておきのお皿を使って見た目にもこだわるでしょう。

一方、家族に出す夕食ならどうでしょうか？
家族の健康を考えて、食材の産地は厳選しますが、値段はできるだけ押さえて、メニューも家族が好きなものだったり、すぐにつくれるものだったり、お皿も普段使い用のものを使う人が多いでしょう。

このように、同じ「夕食づくり」であっても、「目的」に応じて、「アウトプット」はまったく異なってきます。

では、先ほどの企画書作成の例で考えてみます。
「目的」次第で、企画書づくりがすごく大変なものになったり、逆にそんなにやらなくて済むものになったりするのです。

例えば、企画書の目的が役員決裁に使うものなら、会社や組織によってはいつも以上にしっかりつくり込む必要があるかもしれません。体裁やデザインにもこだわり、文章も念入りにチェックするでしょう。

反対に、部署やグループ内で完結するようなものや参考程度に必要なものだったらどうでしょうか？

完成度は下げていいでしょうし、既存の資料を使えば代替できてしまい、そもそも作成する必要がなくなるかもしれません。

このように、**「目的」は「アウトプット」の質や内容に大きく影響**します。「目的」次第で、まったく別のものが「アウトプット」になります。使うお金も時間もまったく異なります。

だからこそ、まず初めに確認しておく必要があるのです。

つくってしまったあとに、実は違っていたとわかっても、使った時間もお金も戻ってきません。ただのムダになってしまいます。

まずその仕事の「目的」を考える。

これを今後の仕事の習慣にしてみてください。

たったこれだけのことで、あなたの仕事のスピードと質が劇的に変わっていくはずです。

「普通」には、人それぞれの「普通」基準がある

「目的」が明確になったら、その次に、「どんなものをつくればいいか」、つまり、「どんなアウトプットをつくるか」を考えます。

「この企画書をつくって」と上司に言われて、アウトプットを確認せずに仕事を始めてしまうと、なぜやり直しやムダが起こるのか？

こちらも、料理でたとえてみましょう。

私はセミナーの際に、受講者にこんな質問をします。

「カレーをつくってと言われたら、どんなカレーをつくりますか？」

すると、多くの受講者はこう答えます。

「普通のカレーをつくります」

あなたにとって、「普通のカレー」とは何でしょうか？

カレーと言っても、さまざまあります。

日本風カレーもあれば、インド風、タイ風、洋風などなど、いろいろあります。辛さも甘口、中辛、辛口、激辛など。使う食材も豚肉を使うのか、牛肉なのか、鶏肉なのか、シーフードなのか、夏野菜を使うのか……。これだけでも多くの種類がありますす。さらに、つくり方もさまざま。ルウを使うのか、それともスパイスからつくるのか、レトルトという場合もあるかもしれません。

ある受講者の一人は、「シンガポールカレーをつくります」と言っていました。もちろん、日本人です。その方にとって「普通のカレー」はシンガポールカレーなのです。

私はシンガポールカレーの存在自体をまったく知らなかったので、もし私がその方に「普通のカレーをつくって」とお願いをしていたら、できあがったカレーに驚いていたと思います（笑）。

このように、ひと口に「普通のカレーをつくって」と言われても、できあがるカレーはさまざま。

それなのに、多くの人はカレーと言われたら、どんなカレーかを確認せずに、思い込みでつくり始めてしまいます。その結果、「シーフードが入ってない！」とか、「思ったより辛い」などと言われて「やり直し」。はたまた「わざわざスパイスからつくらなくてもレトルトで良かったのに」といった「ムダ」が発生してしまうのです。

依頼主への確認は必須

企画書の場合も同じです。

企画書とひと口で言っても、種類はさまざまです。

プレゼンテーション形式の企画書なのか、A3の資料1枚で説明するのか、A4の資料を数枚なのか、グラフや写真を多く使うものなのか、文字だけで伝えるものなのか、過去の振り返りから説明するべきなのか、現状を説明すれば済むのか、など目的によって変わります。

レイアウトや見せ方、完成度などによっても変わります。

それこそ、カレーどころではないくらい、たくさんの種類の企画書があります。それを確認せずに、また考えずに、いつもどおりの企画書と思い込んで作業に入ってしまうせいで、やり直しになったり、する必要のない作業をすることになったりしてしまいます。

せっかく一生懸命つくっても、アウトプットが間違っていたのでは、目的は達成できません。上司に見せたらやり直しと言われるのはそのせいです。クライアントの契約が取れないのも関係者が動いてくれないのも、イベントがうまくいかないのも、多くの失敗がこのアウトプットの間違いに起因しています。

このように、あなた自身が「普通の」カレーと思っていても、「いつもどおり」の企画書と思っていても、それは他の人にとっては「普通」や「いつもどおり」ではないかもしれません。

アウトプットの認識は、人によって必ずどこかズレています。

依頼された仕事の「目的」とともに、どんなものをつくればいいのかという「アウトプット」を依頼主にしっかり確認してから、仕事に取り掛かりましょう。

それがあなたの仕事から「やり直し」「ムダ」をなくす第一歩です。

仕事の「目的」と「目標」の違い

ところで、「目的」と「目標」の違いを、あなたはきちんと説明できますか？

目的と目標を混同していないでしょうか？

目的とは、最終的に実現したいこと、目指すことです。

あなたのアウトプットを受け取る人に、どんな状態になってほしいか、どんな状態を実現したいかを考えれば、それが目的になります。

もっと簡単に言えば、「そのアウトプットは何のために必要なのか？」ということです。

例えば、先ほどのカレーの例であれば、「お客様に満足して帰ってもらい、リピーターになってもらう」「家族が喜び、健康に暮らせる」といったことが目的になります。

仕事の例であれば、「お客様に契約してもらう」「部長から決裁をもらう」「クライアントを増やす」などが目的になります。

一方、目標は、目的を達成するために必要な状態のことです。

例えば、「健康になる」という目的に対し、目標は「体重は○kg」「体脂肪率○%」「血圧は○以下」といったものです。

仕事で言えば、「今月の売上目標は1億円」「イベント集客人数は100人」などです。

目的を考える際に目標と混同してしまい、誤った目的を設定してしまうことが多いので、「何のために必要なのか?」を考え、正しく目的を認識したいものです。

不十分なアウトプットをつくってしまう人の共通点

不十分なアウトプットをつくってしまう人には、ある共通点があります。

例えば、プレゼン資料を説明しているときに、「専門用語がわからない」と言われたり、「これまでの経緯を説明してほしい」と言われたり、「字が小さい」と言われたことはありませんか？

これはそもそも、誰に向けてそのプレゼン資料を作成しているのかを考えていないために起こる事象です。

やり直しやムダ、ミスの多い人の共通点。

それは、**「アウトプットの受け取り手が誰なのか」を忘れてしまい、自分が思う最適なアウトプットを考えてしまう**ことです。

例えば、同じ業界、同じ職場の人でなければわからない専門用語を、違う業界、違う職場の人に使っても理解されないでしょう。

トヨタでもたくさんの専門用語がありました。「TBP」「JKK」「OJD」「GTC」「PSM」などの略語や「マルモ」「マルマ」「ディスト」「デ審」「発準」など挙げればきりがありません。

確かに専門用語や略語は便利です。慣れてしまうと、無意識のうちに使ってしまうものです。

しかし、「誰のためにそのアウトプットをつくるのか」を考えたときに、そのアウトプットを受け取る人が違う業界の人なら、専門用語を避けなければいけないと気づきます。

ミスする人が忘れていること

私がまだ入社2年目の頃、初めて役員報告に行ったことがありました。資料は何度も何度も上司や先輩に見てもらい、これで完璧という状態に仕上げたつもりでした。

そして、説明内容も原稿にして、説明の仕方も練習しました。

そんな準備万端な状態で役員報告に臨んだのですが、そのときに役員から言われたひと言は、「略語が多いから、なるべく使わないように」でした。

完璧につくったと思っていた資料だったので、そこを指摘されるとは考えてもいませんでした。

その役員は人事部門の役員なので、当然知っている単語かと思っていました。しかし、さまざまな仕事を見ている役員にとっては、略語の一つひとつを全部覚えているわけではありません。

そのことに気づかずに資料を説明していたため、たびたび「これはどういう意味？」と聞かれ、説明を中断しなければなりませんでした。

「アウトプットを受け取る人は誰なのか」

そこをしっかり考えていれば防げたミスだったと、当時反省をしたのを記憶しています。

同様に、同じ職場であっても、あなたとあなたの上司では持っている情報量が異なります。上司はあなたより広い情報を持っていますが、担当領域に関しては担当のあなたのほうが深く詳細な情報を持っています。

それにもかかわらず、経緯を説明せずに細かな情報の説明をすると、「まずは経緯を説明してよ」と言われてしまうでしょう。

いわゆる**「前提知識」の差が生じる**のです。

相手もわかっていると思い込んで、そこを省略して伝えてしまう。

受け取る相手が知っているかどうかを見極めながら、前提知識を同じにしておかないと、伝わるものも伝わらないという現象が起きてしまいます。

私自身も、職場の後輩が相談をしてきたときに、「○○さんから次の保全会議には上司も連れて来るように言われたんですが、グループ長に私からお願いしてもいいでしょうか?」と言われ、「そもそも○○さんって誰?」「保全会議って、誰が出てるの?」などの経緯や詳細を確認しなければいけないことがありました。

資料やプレゼンなどの場合だけでなく、普段の会話でも、誰がその報告内容、つまり、「アウトプットを誰が受け取るのか」を考えれば、伝え方も変わります。

また、初歩的なミスですが、年配の上司に対して、細かな数字が羅列しているデータを見せ、「字が小さくて読めない」と言われてしまうのも、誰のためにそのアウトプットを作成しているのか考えていないために起こります。

アウトプットを考えるときには、「アウトプットを受け取るのは誰か」を考え、相手の状況や持っている情報量に配慮すれば、ミスはおのずと減っていくはずです。

「最高のアウトプットを出す」は、本当に正しいか？

ここで1つ質問です。

あなたは「最高のアウトプット」をいつも追求するべきだと思いますか？

「そんなの当たり前でしょ！」と思うかもしれません。

でも、「最高のアウトプットを出す」は、本当に正しいか？

「超効率仕事術」的に答えると、ずばり「NO」です。

それなら、テキトーなアウトプットを出せばいいかというと、こちらも「NO」。

では、どんなアウトプットが正しいのか？

それは、「予算」「納期」「求められる完成度」に応じた「最良のアウトプット」です。

「最高」ではなく、「最良」です。

アウトプットを考えるときには、必ず前提条件があります。

それがこの**「予算」「納期」「求められる完成度」**です。この前提条件によってアウトプットは変わってきます。

例えば、最高のアウトプットを追求すると、トヨタのクルマなら、レクサスのフラッグシップセダンのLSか、フラッグシップクーペのLCになります。

しかし、予算が150万円の人にとって、それはほしいアウトプットではありません。その人にとっては、トヨタのヴィッツのほうがうれしいのです。

最高のアウトプットを追求すると、カレーなら数日間煮込んだ具沢山の高級カレーになります。しかし、今すぐカレーを食べたい人にとって、数日待たなければいけないカレーはほしくありません。

どんなにおいしくても、最高級の食材を使っていても、お腹が空いている人にとっては数日待つことはあり得ません。その人にとっては、すぐに食べられるレトルトのカレーのほうがうれしいでしょう。

つまり、**「最高」ではなく、「予算」「求められる完成度」「納期」に合わせた「最良」のアウトプットこそが、お客様やアウトプットの受け取り手のほしいもの**なのです。

「最高」を追求するデメリット

あなたも仕事を依頼されたときに、どれくらいつくり込めばいいのかがわからず、精緻な資料をつくり、「こんなにキレイじゃなくても良かったのに」と言われたり、結局、少し使われただけで終わったりして、徒労感を感じたことはないでしょうか？

そうです、「ムダ」な作業だったというケースです。

そんなとき、「最初からそう言ってよ！」と思うかもしれません。

しかし、実際、**依頼主や受け取り手がいつもそのように明確に指示をしてくれるとは限りません。**

だから、あなた自身から確認しなければならないのです。

それは、相手のためでもありますが、それ以上に自分のためでもあります。

依頼主やアウトプットの受け取り手が、どのくらいの予算で、どのくらいの完成度で、いつまでを納期としているのかを確認することで、認識の差によるムダを防ぐことができます。

時間も予算もいくらでもあり、どれだけ使ってもいいなら話は別ですが、ほとんどの場合、時間も予算も有限です。

最高のアウトプットを追求し続け、**時間を使い、他の仕事に手が回らなければ、仕事ができていないと見なされたり、他の仕事の関係者に迷惑をかけたりする**ことになります。

アウトプットを考える際には、予算、求められる完成度、納期を確認し、その中で

「最良」のアウトプットを考えるようにしましょう。

自分では判断がつかない場合は、依頼主や関係者、上司に相談し、明確にしましょう。

補足になりますが、「最高」では良くない、もう1つの理由があります。「これが最高」としてしまうと、**今後の改善が進まなくなる**ということです。最高より上はないので、もうこれ以上は改善ができないということです。

だから、トヨタでは**「BEST より BETTER」**と言われます。「BEST」だとそこで成長は止まります。しかし、「BETTER」はまだまだ上があるので、常に良いものを追求し続けます。

これも「最高」を追求するのではなく、「最良」を追求する理由です。

アウトプットを考える際の最重要ポイント

目的やアウトプットの受け取り手、予算、完成度、納期といった前提が明確になったら、「具体的にどんなアウトプットにするか」を検討しましょう。

このときに最重要ポイントがあります。

それは、**「アウトプットはできるだけ具体的に」**です。

そのための手段として、**「紙に書き出す」**ことを実践してみてください。

多くの人は、「アウトプットを具体的に」と言っても、頭の中でイメージするだけです。

しかし、頭の中でイメージしているだけでは、細部は具体化されていません。なんとなくのイメージになっています。

その状態だと、細部が詰め切れていないので、今後のステップがすべて曖昧になってしまいます。

紙に書き出すと、曖昧にはできないので、細部まで細かく決められるようになります。

実際、紙に書く前に頭の中でイメージしていただけの状態と、紙に書いた状態だとアウトプットも少し変わってきます。具体化することで、「これだと不十分だな」とわかったり、「こっちのほうがいいかな」と考えたり、考えを練ることができます。頭の中だけでそれをするのはなかなか難しいものです。

なお、頭で考えていることを実際に**「紙に書き出す」効用は、脳科学分野でも科学的に証明**されているそうです。

頭で考えていることを紙に書き出すことで手が動くので、脳が活性化していきます。そして、書き出した文字によって視覚から情報をインプットするので、より脳が活性化していき、どんどん具体的なアイデアが出てくるというわけです。ぜひ実践してみてください。

アウトプットの種類は2種類

では、どのように紙に書き、具体化していくか。

まず、大前提として、アウトプットには2種類あります。

「形のあるもの」と「形のないもの」です。

形のあるアウトプットは、企画書やプレゼン資料、イベント、クルマ、食べ物など、完成したものが具体的に目に見えます。

一方、形のないアウトプットは、会議、サービス、営業、報告会、旅行など、目には見えません。

それぞれのケースで見ていきましょう。

①形のあるアウトプットの場合

形のあるアウトプットは、作業が完了したあとにできあがるものが、誰にでも目で見て触れることができるものです。

形のあるアウトプットは、**イメージを図で表すと曖昧さがなくなり、誰にでもわかるようになります**。

これは、パティシエが最初にできあがりのケーキのイメージを図に描いたり、デザイナーが服のイメージを図に描いたりするのと同じです。

例えば、先日ある大規模セミナーに協賛した際にブースを出展したのですが、そのときに準備をするために、まずアウトプットイメージを図で作成しました（次ページの図）。

これは手書きでラフに書いてもOKです。

しかし、ポスターの大きさや机にかける布など、今後の準備にかかわってくるものは、できるだけ詳細に書き出します。

図をご覧になってわかるとおり、**キレイに書く必要はありません。** こんな走り書きレベルでOKです。でも、**詳細に書きましょう**。ここで漏れがあると、この後のステップで、すべてそれが漏れてしまうことになります。

「形のある」アウトプットの書き出し例①

（例）大規模セミナーのブース

目的

KAIZEN仕事術体験セミナーへのお申し込みをしていただく

アウトプットの受け取り手

来場するお客様

予算

20,000円

求められる完成度

100%

納期

8/4（印刷物の送付は8/3必着）

アウトプット

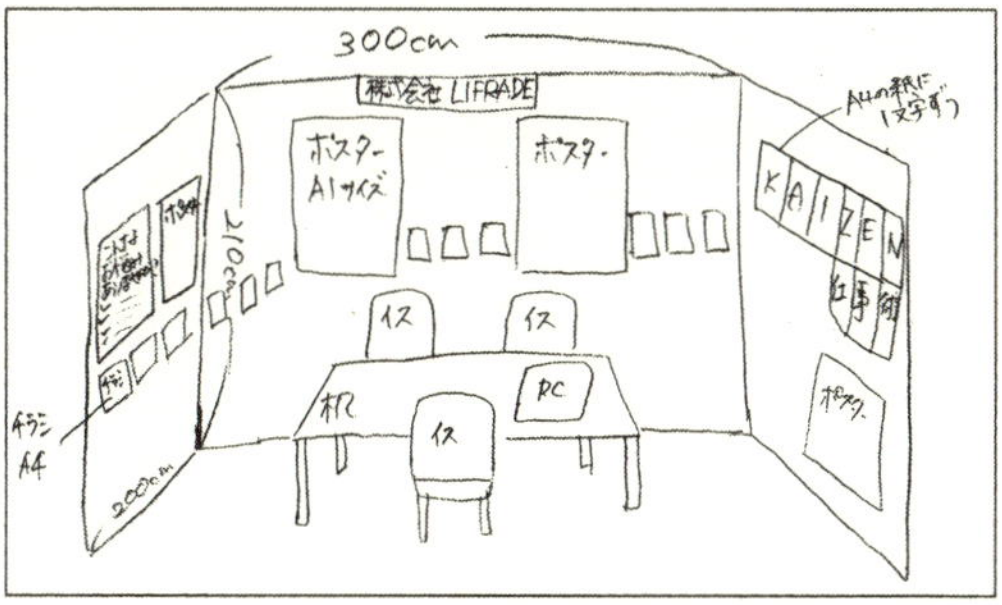

手書きラフでも、イメージに近い例の写真やイラストでもOK。
きれいに書く必要はないが、できるだけ詳細に。

過去に前例があったり、似たような例があるならば、その写真をアウトプットイメージとするといいでしょう。

写真を見ると、細部まで具体化できます。

料理をつくる前にも、できあがりのイメージ写真を見ることで、どんな作業をするべきか、イメージが湧きます。もし、できあがりのイメージがなかったら、どんなものができあがるのかがわからないまま作業を進めることになり、心許ないものです。

企画書作成前のイメージ図を次ページに載せました。

このようにイメージを図にしてから、パソコンで作成作業に入ります。

頭の中にぼんやりとイメージがあるだけの状態では、ストーリーも考えにくく、全体像が見えてきません。

また、情報が断片的に頭の中にストックされているだけで、つながりが意識しにくくなります。**実際にレイアウトし、項目を分けてみることで、つながりを整理しやすくなる**のです。

このイメージ図の段階では、詳細な文章を書く必要はありませんが、項目として何

「形のある」アウトプットの書き出し例②

(例) 企画書作成前のイメージ図

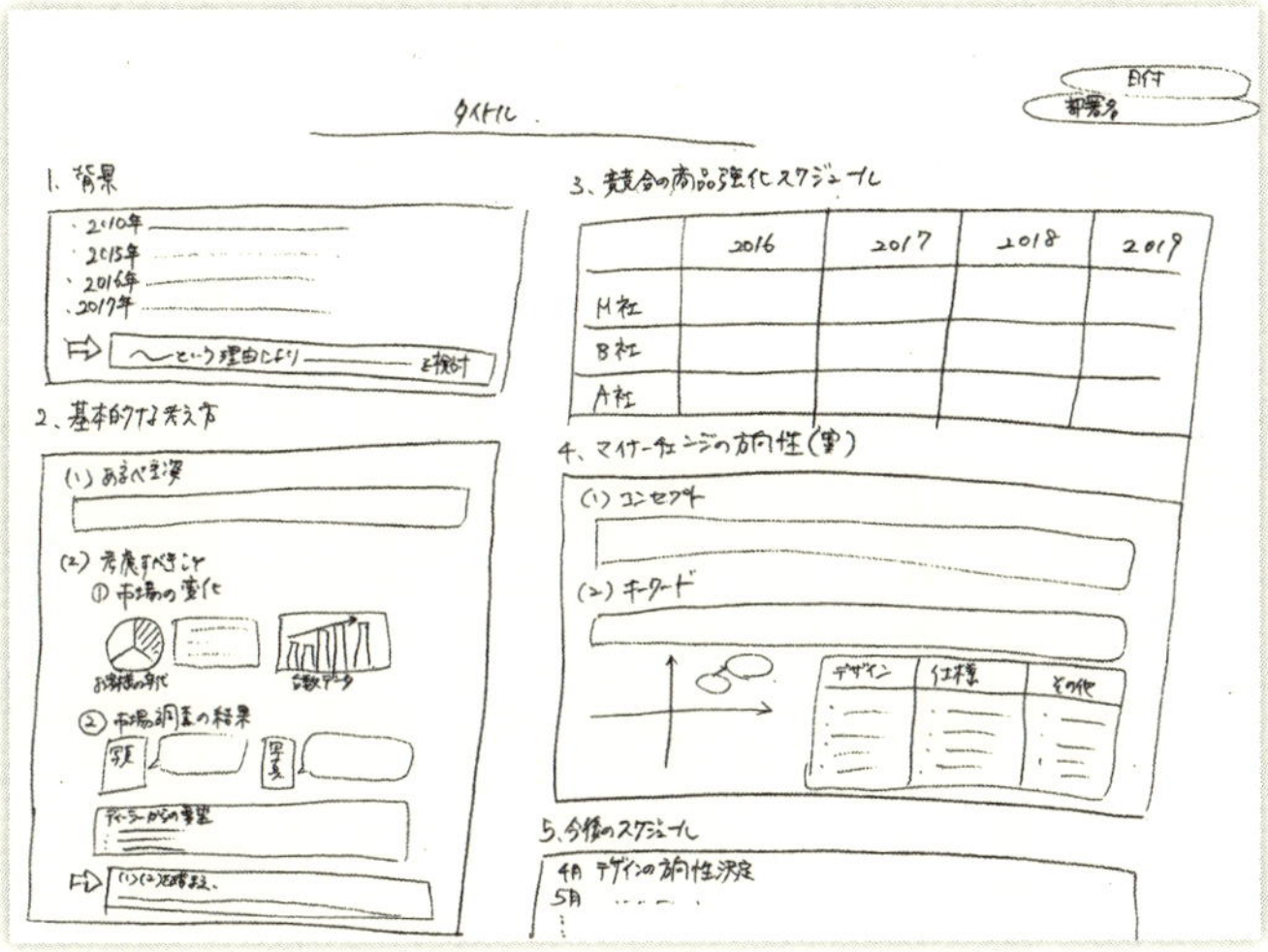

必要項目(要素)を挙げて、実際にレイアウトしてみる。
詳細な文章は必要なし。レイアウトしながら、論理展開の順番も検討する。

を資料に記載するのか、どんな順番で論理展開をするのかをこの時点で検討し、レイアウトしてみてください。

私自身、**「手書きでサッと書き、考えながら修正する」**という形で進めています。

このイメージ図をキレイにつくる必要はありません。あなたや一緒に作業をする関係者がわかるレベルで描けていればＯＫです。

時間を使うべきは、どのくらいキレイに書けるかではなく、何をつくるかをじっくり検討することです。

②形のないアウトプットの場合

一方、形のないアウトプットは、図にはできないので、**コンテンツ（例えば会議の議論項目やサービスの内容など）や所要時間**を書き出します。

この場合も、形のあるアウトプットと同様に、**「目的を達成するのに必要十分か」**という観点で検討しましょう。

例えば、「クライアントから契約を取る」という目的の場合、会議の場でどんなこ

「形のない」アウトプットの書き出し例①

（例）会議の議論項目

目的

A社に契約をしてもらう

アウトプットの受け取り手

A社 〇〇部長 △△課長

予算

0円

求められる完成度

100%

納期

8/20

アウトプット

会議 8/20 14:00～15:00
出席者 A社 〇〇部長、△△課長
弊社 □□部長、☆☆課長、私
場所 201応接室
話すこと
・これまでの実績 8分
・他社との違い 7分
・料金 3分
・プラン内容 10分
・A社が得られるメリット
・〃 受けるデメリット　20分
・担当チームのメンバー 2分
・質疑応答 5分
・(契約書説明) ←必要に応じ (5分)

あくまで「目的」と「アウトプットの受け取り手」に合わせて、アウトプットイメージを作成。

目的に合っていない、自分の知っている情報は入れない。

とを話せばいいでしょうか？

これまでの実績、他社との違い、料金、プラン内容などだけでなく、そのクライアントが特に気にしていることや大事にしていることを織り込む必要があります。

それを検討し、前ページの図のように検討した項目を箇条書きにすれば、アウトプットイメージはＯＫです。

いつも使っているプレゼン資料があったとしても、そのクライアントに合わせて、追加修正をする必要があります。**「いつも使っているから」という理由で、安易にアウトプットを考えてはいけません。**

必ず「目的」や「アウトプット」の受け取り手を考えて、アウトプットを決めましょう。

私の例でいえば、経営者向けの業務効率化のセミナーと新入社員向けの業務効率化のセミナーでは、教える内容を変えています。

それは、**目的が違う**からです。

経営者向けでは、経営者自身が社内の業務効率化をできるようにすることを目的としているので、「社内の業務の効率的なプロセスのつくり方」「マニュアルの作成の仕方」「経営上の問題の解決の仕方」「時間管理の仕方」「改善が進む職場環境づくり」を教えています。

一方、新入社員向けでは、「資料の作成の仕方」や「段取りの仕方」「プレゼン力」などを教えています。

持っているコンテンツをすべて教えたくなりますが、社内の業務効率化を目的としている経営者にとって、資料作成やプレゼン力などは不要です。限りあるセミナーの時間を考えると、不要なコンテンツを教えるより、教えるべきものに時間をかけて教えるほうが目的の達成につながります。

資料を作成しているときに、自分の知っていることを詰め込んだ資料をつくる人がいますが、それは不要な情報が入りすぎていて、目的から考えると、時間とスペースのムダでしかありません。

必ず目的を考えて、アウトプットのコンテンツを検討しましょう。

もう1つ、別の例で見てみましょう。

例えば、出張の場合、アウトプットイメージは次の旅程表のような形になります。

出張の目的が新規商品の市場調査なら、出張中に何をするべきかを考えます。

お客様の声を聞くために販売店を訪問したり、ターゲットカスタマーの声を聞くために対象者を集めてインタビューをしたり、実際に商品が使われている様子を見に行ったりなど、目的を達成するためにするべきことを考え、所要時間や移動手段などを明確にしていきます。

前提条件となる予算もアウトプットを考える上で重要になりますので、この点にも注意しながら検討しましょう。

本来なら対象者を集めてインタビューをしたい場合でも、予算を考えると難しいケースもあります。その場合には、インターネットでのアンケートに切り替えたり、街頭インタビューにしたり、集める人数を減らしたりといった工夫が必要になります。

このように、形のあるアウトプットも形のないアウトプットも、最初にアウトプッ

「形のない」アウトプットの書き出し例②

（例）新規商品の市場調査を目的とした出張旅程表

出張旅程表								
開始時刻	終了時刻	所要時間	実施事項	場所・手段	参加者			備考
					佐藤部長	髙橋課長	山田	
8:00	10:00	2:00	東京へ移動	集合場所は東京駅八重洲	○	○	○	新幹線チケットは各自で手配
10:00	10:30	0:30	○○店ディーラーへ移動	○○店ディーラー加藤さんお迎えのクルマにて	○	○	○	
10:30	12:00	1:30	ディーラーインタビュー	○○店ディーラー	○	○	○	出席者は鈴木店長、伊藤マネージャー
12:00	13:00	1:00	周辺で昼食	蕎麦○○（予約済み）	○	○	○	
13:00	13:30	0:30	利用者インタビュー会場へ移動	電車	○	○	○	
13:30	15:30	2:00	利用者インタビュー	△△店ディーラー	○	○	○	利用者名簿は別紙、店長、マネージャーもご出席
15:30	17:00	1:30	ディーラーインタビュー	△△店ディーラー	○	○	○	工藤店長、斎藤マネージャー
17:00	17:30	0:30	東京駅へ移動	△△店ディーラーさんのクルマにて	○	○	○	
17:30	19:30	2:00	帰宅	新幹線（チケット手配中）	○	○	○	

この例で言えば、「新規商品の市場調査」という「目的」を達成するためにするべきことを落とし込み、所要時間や移動手段などを明確にする。

トイメージをできるだけ具体化し、紙に書くことが重要です。

頭の中に描くだけでは曖昧になってしまうことも、実際に紙に書くことで明確になったり、曖昧な点を自分で認識することができます。

紙に書き出すだけで、アウトプットイメージは、グンと具体化されるようになります。

アウトプットが曖昧になっていないかをチェックする最強ツール

「具体的で明確なアウトプットイメージをつくる」と言っても、自分自身ではなかなかその曖昧さに気づかないものです。

そこで、曖昧になっていないかどうか、目的を達成できるアウトプットになっているか、客観的に判断するためのチェック表をご用意しました。ぜひこちらを参考にしてみてください。

アウトプットイメージのチェック表

Step1 アウトプットイメージのチェック表	
	チェック
アウトプットの受け取り手を考えたアウトプットになっている 悪い例 資料を最終的に使う人ではなく、途中承認をする上司になっている	
そのアウトプットがあれば目的が達成できる 悪い例 言われたことをそのまま対応、これまでやっていたからという理由でアウトプットの見直しをしない	
品質過剰になっていない 悪い例 必要以上に時間とお金をかけるアウトプットになっている	
定量化できるものは数値で表している 悪い例 コストや時間など数値化できるものも曖昧なまま	
上司や仕事の依頼主にアウトプットイメージに齟齬がないか確認している 悪い例 これまでも同じようなアウトプットでOKをもらっていたから確認しない	
形あるアウトプットは図にしたり、形のないアウトプットはコンテンツを具体化している 悪い例 ぼんやりとしたイメージのまま、作っていくうちに分かるだろうと思い、仕事を進めている	
既存のもので代替できるものはないか確認している 悪い例 別の人が作っている同様の資料に気づかず、同じようなものを作ってしまった	

この表で、「曖昧になっていないか」「目的を達成できるものか」をチェックできる。

チェック表に従ってチェックし、まだ足りない点があるならば、もう一度アウトプットを見直してみましょう。

アウトプットを間違えている人が9割

私のコンサルティング先のクライアントとアウトプットについて議論したときや、セミナーの参加者のワークへフィードバックをしたとき、あることが起こります。それは、9割以上の確率で起こります。いえ、小さなものも加えたら、ほぼ100%かもしれません。

それは、アウトプットの修正、もしくは大幅な変更です。

私からフィードバックをすると、皆さん、「あ〜！　確かに！」と驚きを交えて納得されたり、「これまでのアウトプットじゃ、全然足りなかったですね」と悔しがったり、「始める前に気づいて良かったです」と喜んだりしてくださいます。

多くの人が、思い込みや既存のアウトプットに引っ張られて、アウトプットを決めています。

「売上を上げるためには、商品を良くしなきゃいけない」と思い、改善案を詰め込んだ商品をアウトプットにしたり、「これまでずっとこうやってきたから」と既存の会議の内容をそのままアウトプットしたり……。

しかし、そのようなアウトプットは、**目的から考えてみると、不十分なものや的外れなものがほとんどです。**

そのため、一生懸命アウトプットをつくっても、目的を達成できずに終わってしまうことが多いのです。

「これまでもこうしてきたから、これでいい」という考え方は大きな間違いです。

「正しいアウトプットを考える」ための2つのチェック方法

では、どうすれば正しいアウトプットを考えられるようになるのでしょうか？

それは、**イメージ図を作成したら、必ずこれで目的は達成されるかを確認する**ことです。

同時に、**目的を鑑《かんが》みたときに、不要なもの（過剰なもの）がないかも確認**しましょう。

これを実践するだけで、正しいアウトプットをつくれるようになります。

ここで、実際にアウトプットに見直しや修正が発生した事例をご紹介します。

私が個別指導に伺っていた不動産会社のクライアントの例です。

この会社では、毎月月末に売上報告書を作成していました。

その報告書を作成する目的は、「月内の改善点を洗い出し、来月の売上につなげること」でした。毎月その月の反省をして、次につなげるためのすばらしい取り組みです。

しかし、実際に見せていただいた報告書では、売上の数字や状況説明は書かれていたものの、肝心の改善点や「何が悪かったのか」「今後の対策」などは書かれていませんでした。

そのため、毎月店長さんが一生懸命つくっていた報告書が機能しない、活用しきれていないという結果になっていたのです。

そこで私は、報告書の内容にその月の来店客の分析や反省点、今後の対策を入れるようにアドバイスをしました。

次に、目的を鑑みたときに、不要なものがないかを確認することを、先述の出展ブースの例で考えてみましょう。

例えば、「他社がプレゼント用にペットボトルの水を用意しているから私たちも水を用意しよう」と考えたとします。

他社は、「お客様をたくさん呼び込み、リストを取りたい」という目的でブースを出展し、そのための客寄せとしてペットボトルの水を使っています。

一方、私たちの会社では、「社内の効率化やミスややり直しをなくそうという思いを持った濃い見込み客を集める」という目的で出展していました。

その場合、ペットボトルの水目的で集まってくるお客様は、水がほしいだけで、効率化に対する問題意識があるわけではありません。こちらが求めているお客様層ではないわけです。

最終結論としては、私たちの会社には客引き用のペットボトルの水は不要となるのです。

このように、アウトプットを考えるときに、「去年もやっていたから」「いつもそうだから」「他社がやっているから」という理由で目的達成には不十分なアウトプットになっていたり、不要なものを用意してしまっているケースがよく見受けられます。

これは、完全なるリソースの無駄遣いです。

この点を再考するだけで、大幅にムダをなくし、目的の達成率が上がるなど、驚くほど効率化が進められます。

アウトプットを考えるときには、安易に結論を出さず、本来の目的とすり合わせながらじっくり検討していきましょう。

「前回もやっていたから、今回もやる」は、改善にブレーキをかける

私もトヨタで人材育成を担当していたときに、安易に結論を出すという間違いをし、常務役員に指摘をされたことがありました。

当時の私は、各地域の統括会社の人材育成責任者を集めて行なう「教育会議」の運営担当を任されていました。

会議は数日にわたって行なわれるのですが、私は会議だけでなく、海外からわざわざ日本まで来た各地域の人材育成責任者たちがトヨタの歴史や考え方を直に学べるように、記念館などの施設の訪問や工場見学なども組み込んで、有意義な期間になるよ

うプランを検討していました。

このような会議プランを完成させ、上司とともに人事部門の常務役員に報告に行きました。

そこで私が、「この工場見学は前回も実施していたので、今年も実施予定です」と説明しました。

すると、常務役員にこう指摘されたのです。

「言葉尻をとらえるようで申し訳ないけど、『前回もやったから、今回もやる』というのは理由にならないよね？　何の目的で実施するのか、その目的を考えたときに、その手段は工場見学でいいのか、もう一度考えてみて」

「そのとおりだ」と痛感し、今でも心に残っています。

以来、自分自身の仕事でも、クライアントやセミナー受講者のアウトプットの添削でも、**「安易に結論を出さない」「常に目的を確認する」**ことを忘れずにフィードバックしています。

クライアントが、「今まで、このアウトプットで特に問題が起こっていなかったので」と言っても、「これを改善したら、もっと効率が上がりますよ」「これを見直したら、もっと売上アップに貢献しますよ」とお伝えしています。

そのアウトプットは、本当に正しいアウトプットなのか？

そう自分に問いかけてみてください。

これまで見直してこなかったならば、ぜひ見直しをしてみてください。そこに大きな伸びしろが隠れているかもしれません。

そのアウトプットは本当に必要か？

そして、もう1つ、確認してほしいことがあります。

アウトプットを明確にした今だからこそ、確認できることです。

それは、「そのアウトプットは本当に必要か？」ということです。

「必要だからアウトプットを考えたんだよ」と思うかもしれません。

しかし、アウトプットを明確にすることで、「すでに似たようなものが存在していないか」「一部をどこかから代替できないか」など、効率的にアウトプットをつくる方法を探すことができるようになります。

つまり、**代替したり、アレンジしたりできるものがあれば、そのアウトプット自体、もしくはその一部をつくらなくて済むことになり、大幅な時間短縮ができる**かもしれないのです。

私がレクサスの商品企画の仕事をしていたときに、こんなことがありました。

競合も含めた車種別のお客様の性別や年代、年収、購入するときのポイントなどをまとめたデータ表をつくろうとしていました。通常はそういったデータは、アシスタントがデータをまとめてくれます。

私が理想と考えるアウトプットイメージを提示し、アシスタントと話をしていたときでした。

私たちの話を聞いていた別の車種のアシスタントが、「それと似たもの、うちの車種でもつくってるよ」と言ってくれたのです。実物を見せてもらうと、確かに私がほしかった情報が網羅されていました。

そのひと言のおかげで、そのデータ表をイチからつくる必要がなくなり、アシスタントにムダな作業を頼まなくて済んだのです。

また、次のようなこともありました。

トヨタでは、マイナーチェンジやフルモデルチェンジをした車種は、グローバルでの販売評価の報告書を作成します。

私が初めてレクサスの商品企画に異動したところ、その評価の報告書を作成するため、どんな内容を織り込むべきかを検討していました。

内容の案を骨子にまとめ、アウトプットイメージを上司に報告したところ、「レクサス国内営業部で評価報告書をつくっているから、それを参考にするといいよ。使える情報が見つかると思う」と言われました。

その報告書を見せてもらったところ、これからまさに自分が作成しようと思っていた内容が網羅されていたのです。

結果的に、その報告書をベースに補足・修正を加えて、国内の評価パートを作成しました。本来なら1日以上かかる仕事を2時間程度で終えることができました。

すでにある情報を使わせてもらうことで、イチから作成するより大幅に時間を短縮することができた事例です。

このように、アウトプットイメージをつくったら、「このアウトプットは本当に必要か？」といったん考えてみてください。

代替・アレンジできるものはないか探してみたり、まわりに相談してみてください。やらなければいけないと思っていた作業を大幅に短縮できるものが見つかるかもしれません。

仕事を始める前の「安心感」がアップする簡単な方法

アウトプットイメージを明確にしただけでは、まだ正しいゴールかどうかはわかりません。

「自分としては正しい」アウトプットイメージになっているだけです。

この状態で作業に入るのは、不安が残りますよね。

しかし、とても簡単な方法で、その不安を解消することができます。

それは、**依頼主や上司に確認する**ことです。

とても単純で簡単なこれだけで、「正しい」アウトプットイメージにすることができます。「間違いないですよ」とお墨付きをもらうようなものです。

多くの場合、やり直しが発生するのは、このタイミングで依頼主や上司に確認をしていないためです。

例えば、カレーの例で言うと、あなたが正しいと思うアウトプットが中辛のシーフードカレーだったとします。

しかし、依頼主は、実は辛口のシーフードカレーがほしかったとします。

あなたが作業（カレーをつくる）を始める前に依頼主に確認すれば、認識のズレもここで発見できます。

報告書の場合も同様です。

あなたがワードで文章をまとめた報告書をイメージしていたとします。しかし、上司はパワーポイントで写真を多く使った報告書をイメージしていたとします。

このタイミングで一度確認をすることで、お互いの齟齬《そご》に気づき、あとから写真が足りない、文章が長いなどと指摘されることがなくなります。

依頼主に、自分が描いたアウトプットイメージを確認すれば、**作業を始める前にお互いの齟齬を解消**でき、**ムダな作業をしなくて済みます**。そして、**やり直しをすることもなくなります**。

さらに、**自分だけでは考えつかなかった点や気づかなかった点のアドバイスをもらえ**、この時点で内容の完成度を高めることができます。まさに一石二鳥ですよね。

また、先の評価報告書の例のように、「これを参考にするといいよ」と言ってもらえたり、「こんな似たようなデータがあったよ」と、参考となる資料を教えてもらうきっかけにもなります。

自分だけでは知り得ない情報をここで得ることができるのです。

依頼主や上司にアウトプットを確認する。

こんな簡単なことで、作業を始める前に不安が解消され、自信を持って作業に移ることができるようになります。

相手の予定にもよりますが、**時間にして15分もあればできるような簡単なこと**です。しかし、多くの人がこの確認をしていません。そのせいでやり直しが発生し、それ以上の時間をかけて修正することになります。

この修正の時間は、ただのムダです。モチベーションも上がらないですよね。そういったムダは、できる限り未然に防ぎ、あなたの時間とモチベーションをもっと有意義に使いたいものです。

アウトプットが曖昧なまま、人に依頼するときの対処法

セミナーの受講生からこんな質問を受けることがあります。

「仕事の依頼や指示をするときに、自分自身でアウトプットを明確にできていないこ

とがあります。そんなときは、どう指示すればいいですか?」

あなたが依頼する側の場合、まだ考えがまとまっていなかったり、実物を見てみないと判断ができなかったりすることがあると思います。

そんなときは、依頼をした部下や後輩に対して、100%の完成度を求めてはいけません。

あなた自身もまだ答えがわかっていないのに、100%要求に応えるようなアウトプットを部下や後輩が出せる可能性は低いでしょう。

また、依頼された部下や後輩としても、曖昧な状態での指示では何を求められているのか、何が最良のアウトプットなのか、わからないことが多いのです。

そんな状態で100%の完成度で仕上げることを求めれば、せっかく時間や労力をかけてアウトプットをつくっても、やり直しになることが多く、その努力が報われません。モチベーションを下げてしまうだけです。

あなたが依頼や指示をする側で、あなた自身がまだアウトプットを明確にできていないなら、求める完成度は30~50%にして、「自分もまだアウトプットを明確にイメージできてないから、まずはドラフトをつくってみてくれるかな？　それを見て考えていきたい」と指示してみてください。

出てきたドラフトを基に、議論をしたり、ブラッシュアップしたりしていけば、依頼された側がムダな仕事をすることも防げるだけでなく、効率的にアウトプットを完成させることができます。

明日から実践

目的とアウトプットイメージを具体的に紙に書いて、依頼主や上司に確認する

【1】

依頼された仕事に取り掛かる前に、まず、目的を依頼主に確認しましょう。

「この仕事の目的を確認してもいいですか？」

このひと言でOKです。

【2】

そして、目的やアウトプットの受け取り手、予算、納期、求められる完成度を踏まえてアウトプットを考えてください。

考えたアウトプットは、必ず紙に書いて、自分自身でも見えるようにしてください。A4用紙に手書きで書いてみましょう。絵が下手でも、形のあるものは図にしましょう。

形のないものはコンテンツなどを書いてみてください。

キレイに仕上げることよりも、詳細に、具体的に仕上げることを意識してください。

【3】

最後に、書き上げたアウトプットを次の視点からチェックしてみてください。

◎そのアウトプットがあれば目的は達成できますか？

◎具体的かつ詳細に書けていますか？
まずは、これだけを明日から実践してみてください。

慣れてきたら、Ｓｔｅｐ１に書かれている他の注意点や考慮すべき点も実践してみましょう。

Step 2 大まかな実施事項をリストアップしてスケジュールをつくる

思いつく作業から仕事をしていませんか？

旅に出る前に目的地までの経路を決めるように、仕事を始める前にも経路を決めます。

ミスや残業に悩む多くの人が、これを疎《おろそ》かにして、頭に思い浮かんだ仕事から取り掛かっています。「まずは思いつくものからやっていこう」と思って、やれることから取り掛かるわけです。

しかし、それは、目の前に見えている道をやみくもに進むようなものです。とても効率の悪い旅になります。

まずは、「どのルートで進めば、最も効率よくゴールまでたどり着けるか」、最短経路を決める必要があります。

つまり、仕事の最短のプロセスを考えるということです。

最短プロセスをつくるための第一歩

最短のプロセスをつくろうと思っても、多くの人がこれまでのプロセスに引きずられて、今までどおりのプロセスを考えてしまいがちです。

ここでいったん、これまでのプロセスのことはすべて忘れましょう。初めてこの仕事をやる気持ちで考えてみてください。

その状態で、最短のプロセスをつくるためにまずするべきこと。

それは、**「実施事項をリストアップする」**です。

「アウトプットを完成させるために、何をするべきか？」

この時点では大まかでかまわないので、**思いつくものから挙げて**いきましょう。

そう、仕事は思いつくものから手をつけてはいけませんが、実施事項のリストアップでは、思いつくものからどんどん挙げていってください。

実施順も気にしなくてOK。思いつくものからリストアップし、足りないものはないか、順番はどうすればいいかは、そのあとで考えます。

例えば、先ほどのカレーの例で言えば、「具材を切る」「具材を炒める」「具材を煮込む」「ルウを入れる」というような要領です。

企画書作成の例で言えば、「骨子を作成する」「データを集める」「レイアウトを考える」「パソコンで清書する」「上司に確認してもらう」というようなものが大まかな実施事項となります。

実施事項をリストアップしていると、大まかな実施事項と細かい実施事項が混在してしまうこともあります。それも気にしなくてOKです。

項目のレベル感を合わせることは、この段階では重要ではありません。

多少細かな実施事項が混ざってしまっても支障はありません。Step3でさらに細かくするのを先取りしてしまうだけ。

まじめな人ほど陥りがちなのですが、「レベル感が合っているかどうか」「合わせるために実施事項を大まかにでも戻さなければ」と厳密に考えすぎて、意味のないことに時間と労力を使ってしまいます。

この段階では考えすぎず、思いつくものをどんどん挙げていってください。

今までどおりのプロセスに引きずられない

ただ、「最短のプロセスはあくまでも理想のプロセス。実際には無理なこともあるのではないか？」と疑問に思う人がいるかもしれません。

例えば、先ほどのカレーの例なら、最短のプロセスは「具材を切る」「具材を炒める」、「具材を煮込む」「ルウを入れる」です。しかし、実際には、「具材を買いに行く」「ごはんを炊く」という事項も必要なはずです。

今までの思考でプロセスを考えると、そのような実施事項も出てくるでしょう。「具材を買いに行かずに具材を切ることなんてできない」「ごはんを炊かなきゃカレーにならない」と。

でも、ちょっと待ってください。ここで考えるべきは、「どうやったら最短のプロセスで実施できるか」ということです。

「現実的に無理だから、今までのプロセスでいこう」と安易に妥協をしないでください。

ぜひ知恵を絞って工夫をし、どうすれば最短プロセスでアウトプットをつくれるのかを考えてみましょう。

カレーの例で言えば、具材はネット通販で買えば、買いに行くプロセスが不要になります。もしくは、家族や仲間が買い物に行くときに、ついでに買って来てもらうことだってできます。また冷蔵庫に残っている材料で済ませてしまうこともできますよね。

「無理だから」と思考停止に陥らず、ちょっと知恵を絞る、工夫をする。それだけでプロセスを短くすることはいくらでも可能なのです。

ごはんを炊くというプロセスも同じです。

炊かずに電子レンジで温めるだけのごはんにすることもできます。余ったごはんを使うこともできます。

今までどおりのプロセスに引きずられてしまうと、プロセスの短縮ができなくなってしまいます。

最短のプロセスは何かを考え、そこからはみ出したプロセスがあるなら、どうすればそれをしないで済むかを考えてみてください。

その意識と思考法で、プロセスは大幅に効率化されるはずです。

効率を最大化する「実施事項の順番」

さらに効率をアップさせる、とても簡単かつ重要なポイントがあります。

それは、思いついた順に挙げた実施事項を、**最も効率のいい順番に並べ変える**ことです。

これができる人は、「段取りがいい」と言われる人です。

順番を並び替えるときの重要ポイントは2つです。

①Aがないと、Bができないなら、必ずAをBより前に置く。

②同時進行できるものはないかを探す。

作業を進める上で、**Aという実施事項がないと、次のBの実施事項ができないというものが**必ずあります。その観点から順番に並べるのです。

さらにもう1つ、順番を考える上で重要なポイントが、**1つの実施事項を行なっている間に、別の実施事項も同時できないかという観点**で考えることです。

つまり、同時進行ができるものはないかと考えながら、順番を決めるのです。

例えば、先ほどのカレーの例なら、「具材を切る」の次に「具材を炒める」がきます。これは、炒めるためには「切る」というプロセスが必要なので、順番は逆にでききませんㅤ。「煮込む」ためには「炒める」プロセスが必要なので、こちらも「炒める」というプロセスが先にきて、次に「煮込む」が必要になります。

しかし、具材を切っている間に、切り終わった具材から炒め始めることもできます。つまり、順番としては「具材を切る」「具材を炒める」ですが、「具材を切る」が完了する前に、「具材を炒める」を始められるわけです。

カレーの例だと、順番なんて真剣に考えなくてもわかるかもしれません。しかし、初めて携わる仕事や今までのプロセスを見直すとなると、急にわからなくなってしまう人もいるでしょう。

でも、大丈夫。

「どの順番で実施事項を並べれば、作業が最もスムーズに進むか」「どの順番で進めるのが一番効率的か」を、先ほどお伝えした2つのポイントからじっくり考えてみてください。

順番を事前に考えておかないと発生するデメリット

順番を事前に考えておかないと、ムダな待ち時間が発生してしまうケースがあります。

例えば、あるデータを入力し、処理するのにシステムの申請が必要だったとします。その申請が承認されるのに1週間時間がかかることを考慮せずに作業を進めてしまったらどうでしょうか？

「情報収集」「システムの申請」「システムにデータ入力」という順で情報を集めて、いざデータを入力しようと思ってたら、承認されるまで1週間待たなければいけなくなります。その結果、「システムにデータ入力」の開始が1週間遅れることになります。

事前に申請まで1週間かかることを考慮して、「情報収集」の前のプロセスに「システムの申請」を入れていたら、この1週間の待ち時間は不要だったはず。

しかし、それを考慮していなかったために、1週間の待ち時間が発生し、作業が進められなくなります。

実にムダな一週間です。

トヨタでは、このような待っているだけで、何の付加価値も生み出さない仕事の時間を「ムダ」と呼びます。そして、こうした「ムダ」を最小限にし、最大限効率化しているのが、トヨタの現場です。

プロセスの効率化に「実施事項の順番」がいかに重要な役割を果たしているか、おわかりいただけたでしょうか。

よく「段取りが悪い」と言われる人は、実施事項の順番が間違っていることが多くあります。ぜひ実施事項の順番を事前に考えてみてください。

スケジュールは、後ろからつくる

実施事項を順番に並べたら、**それらを「いつ」やるのか、「いつまでに」やるのか**を決めましょう。つまり、スケジュールに落とし込みます。

スケジュールづくりでついやってしまいがちなのが、最初の実施事項から順番にスケジュールに落とし込む方法。つまり、かかる時間を予想して、スケジュールを積み上げていく方法です。

これは、大きな間違いです。

スケジュールに落とし込むときには、**最後の実施事項から順番にスケジュールに入れていきます**。〆切日から逆算して、最後の実施事項から遡っていくのです。

なぜ、最後の実施事項から遡ってスケジュールに入れていくのがいいのか？

それは、最後から遡ることで、**〆切を守った上で「いつからその仕事を開始するべきか」がわかる**からです。

逆に、最初の作業から順に入れていくと、単純に積み上げでスケジュールをつくるので、積み上げた結果、「〆切日までに間に合わない」ということが起こります。

しかし、最後から遡れば、〆切日に間に合わないということは起こりません。

だから、〆切日から逆算して、最後の実施事項からスケジュールに入れていくのがいいのです。

逆算スケジュールが、あらゆる対策を教えてくれる

しかし、そうすると、最初の作業に時間が足りなくなるということも起こります。

「本来なら1週間かかると思われる仕事が、3日しか取れない」といったことです。

この場合は、どこか別の実施事項の作業期間を短縮して調整する必要があります。

それでも難しいなら、この時点で以下の対応策を考えてみてください。


「〆切の延長は可能か」

「アウトプットのレベルを下げることは可能か」
「人手を増やしてもらうことは可能か」

など、スケジュールを見せながら関係者と相談するのです。

このような対策が考えられるのも、〆切から逆算してスケジュールを作成するからです。積み上げスケジュールでも不可能ではないですが、やりにくくなります。

逆算でスケジュールに落とし込んでいくことで、「思っていたより時間がない」ということがわかり、事前に対応策を取ることで、**遅れを未然に防げます**。

また、「思っていたより余裕があるから、別の仕事を優先しよう」と、**仕事の優先順位づけができる**ようになります。

実施事項だけでは期限まで間に合うのか、間に合わないのか漠然としていた状態が、具体的なスケジュールに落とし込むことで、明確にすることができるのです。

実施事項以外に、スケジュールに入れておきたいこと

スケジュールに落とし込むときに入れておくといいものがあります。

それは、**スケジュールにバッファー（余裕）を入れる**ことです。

その少しの余裕が、後々自分を助けることになります。

いつ何が起こるかわからないのが仕事であり、人生です。

不測の事態が起こったとき、体調を崩してしまって仕事を休むとき、想定以上のやり直しが発生したときなどに、〆切日までに2〜3日余裕があれば対応が可能です。

しかし、〆切日まで余裕がないスケジュールを引いてしまうと、こうした**想定外の事態が起こったときに対応できず、遅れが生じてしまいます**。

デメリットは、それだけではありません。

スケジュールに余裕を持たせずギリギリにつくってしまうと、**心や頭に余裕や柔軟**

性が持てず、ケアレスミスをしてしまったり、遅れが発生しやすくなります。

不測の事態が起こらず、予定どおりに進めば、それは単純に〆切より早く仕上げられるだけのこと。〆切日より前に仕事を終わらせて、次の仕事に移れます。できるだけ、実施事項以外にバッファーを取っておきたいものです。

では、どのくらいバッファーを取るべきか？

〆切まで時間がない仕事だと、できる限りバッファーは少なくしないと、実施事項それぞれにかけられる時間が少なくなってしまい、本末転倒です。

バッファーをどのくらい取るべきかの目安は、プロジェクト全体の期間や習熟度によって異なります。

つまり、あなた自身のスキルや経験によるところが大きいのです。

そのため一概には言えませんが、目安としては、**1週間の仕事なら1〜2日**程度、**1カ月の仕事なら1週間**は取っておくと安心でしょう。

また、上司への確認といった**決裁時間も予備を取っておく**とベストです。修正などが生じたときに、上司への確認に1回分しか時間が取れていないと、再確認の余裕がなくなります。

新入社員なら2回以上、それ以外の人でも2回は取っておきましょう。一度で決裁が下りればその時間は不要になり、早く仕事が終わります。

明日から実践

実施事項を日単位のスケジュールに落とし込む

【1】

紙に書いたアウトプットイメージから、どんな実施事項があるか、思いつくままに書き出してみましょう。順番はこの時点では気にしなくてOKです。最短のプロセスにするため、今までやっていた実施事項であっても、最短のプロセスに不要な実施事項があれば、リストに挙げる必要はありません。

【2】

次に、リストアップした実施事項をどの順番で行なうか、順番に並べてみましょう。同時にできる作業があれば、同時にするようにすると、より効率が上がります。


【3】

最後に、それをスケジュールに落とし込んでください。〆切日から逆算して落とし込んでいきます。

プロジェクトの期間にもよりますが、半年以内のものなら日単位のスケジュールに落とし込んでみましょう。そうすると、「骨子作成」は9月8日から9月13日というように、具体的な日付で表せるようになります。

Step 3

大まかな実施事項を作業レベルまで分解する

ついつい後回しにしてしまう仕事の共通点

仕事をしていて後回しにしたくなったり、なかなか作業が進まないことってありませんか？

私も昔、よくありました。

それがどんな仕事だったかを振り返ってみると、「新しく任された仕事」だったり、「何をすればいいのか、よくわからない仕事」だったりしました。

何をすればいいのかが曖昧なままなので、作業に移れない。だから、後回しにしたり、作業を進めようと思っても、次に何をすればいいのかがわからなくなって、手が止まってしまうのです。

トヨタで人材育成の仕事をしていたときに、「自工程完結の研修企画」の仕事を任されました。

そのときの私は、まさに「何をすればいいのかがわからない」状態……。なかなか手がつけられませんでした。

「分解」の威力

「研修企画」とひと言で言っても、それがどんな仕事を指すのか、よくわかっていなかったからです。「研修企画」という仕事について具体的な行動に落とし込めず、ただのぼんやりとした曖昧なイメージしか持てずにいたのです。

しかし、チームリーダーに相談し、「研修企画」とは具体的にどんなことをすればいいのか一緒に考えてもらったおかげで、次の具体的な行動に移ることができるようになりました。

そのときにやったこと。

それがまさに、**具体的にどんな行動をすればいいのかがわかるまで大まかな実施事項を分解する**ということです。

「研修企画」を分解してみると、「自工程完結の概念を理解する」「自工程完結をステップにまとめる」「自工程完結のテキストをつくる」「研修を設計する」「研修のスライドをつくる」「研修講師用のスライドをつくる」「研修講師を育成する研修を設計する」といった仕事に分解できました。

このように**具体的なイメージが湧かないままの仕事を分解してみると、何をするべきかがわかってきます**。

分解は、さらに続きます。

「自工程完結の概念を理解する」という作業は、「自工程完結に関する資料を収集する」「知見のある人に話を聞きに行く」「概念のポイントを洗い出す」という作業に分解できます。

すると、「自工程完結の概念を理解する」という状態より、もっと作業のイメージが湧いて、行動に移しやすくなっていきます。

このように、**具体的にどんな作業をすればいいかわかるようになるまで分解し、すぐに行動に移せるように、大まかな状態の実施事項を分解していく**のです。

例えば、大規模セミナーにブース出展する際の実施事項の1つに、「チラシ作成」がありました。

そのとき、「チラシ作成」という仕事が初めてだったので、何をすればいいのか漠然としていて、ついつい後回しにしたくなりました。

なんとなくイメージはあるのですが、具体的にどんな作業をすればいいのか、まだわからずにいました。

そこで、分解していきます。

「印刷業者選定」「サンプル集め」「デザインの方向性決定」「チラシの内容検討」「パソコンで清書」「発注」という作業に分解できました。

こうして分解することで実際に行なう作業が見えるようになり、仕事に取り掛かりやすくなりました。

ここまで**分解しても曖昧で、作業に移しにくいと感じるなら、さらに分解**してみます。

「印刷業者選定」なら、「インターネットで印刷業者を検索する」「検索した業者のホームページを開き、業者名と値段と納期をメモする」「リストアップした中で一番良さそうな業者を1つ選ぶ」という作業に分解できます。

これなら、より作業のイメージが湧き、すぐに行動に移せそうですよね。

このように、Step2で大まかな実施事項をリストアップしただけでは、まだ曖昧な作業がたくさんあります。

それらの作業を分解して、順番に並べ、スケジュール化し、すぐに取り掛かれるようにするのがStep3です。

実施事項を分解するときのコツ

私のセミナーで、受講生の皆さんの「実施事項を分解する」というワークを拝見していると、自然と分解できるようで、Ｓｔｅｐ2の「実施事項をリストアップする」ワークでも、Ｓｔｅｐ3の「分解」まで進めてしまう人もいます。そうでない人も、他のＳｔｅｐのワークよりも、多くの人がスムーズに進めています。

それぐらい分解する作業は、簡単に行なえるものです。

しかし、ここで皆さんが迷うことがあります。

「これは、どこまで細かく分解すればいいのか？」ということです。

例えば、わかりやすい例として再びカレーの例で考えてみます。

「具材を切る」という実施事項では、「ニンジンを乱切りにする」「ジャガイモを乱切りにする」「玉ねぎを細く切る」「肉を一口大に切る」という作業に分解できます。

もっと細かくすると、「ニンジンを洗う」「ニンジンのヘタを切り落とす」「ニンジ

実施事項を分解する

（例）カレーづくりの場合

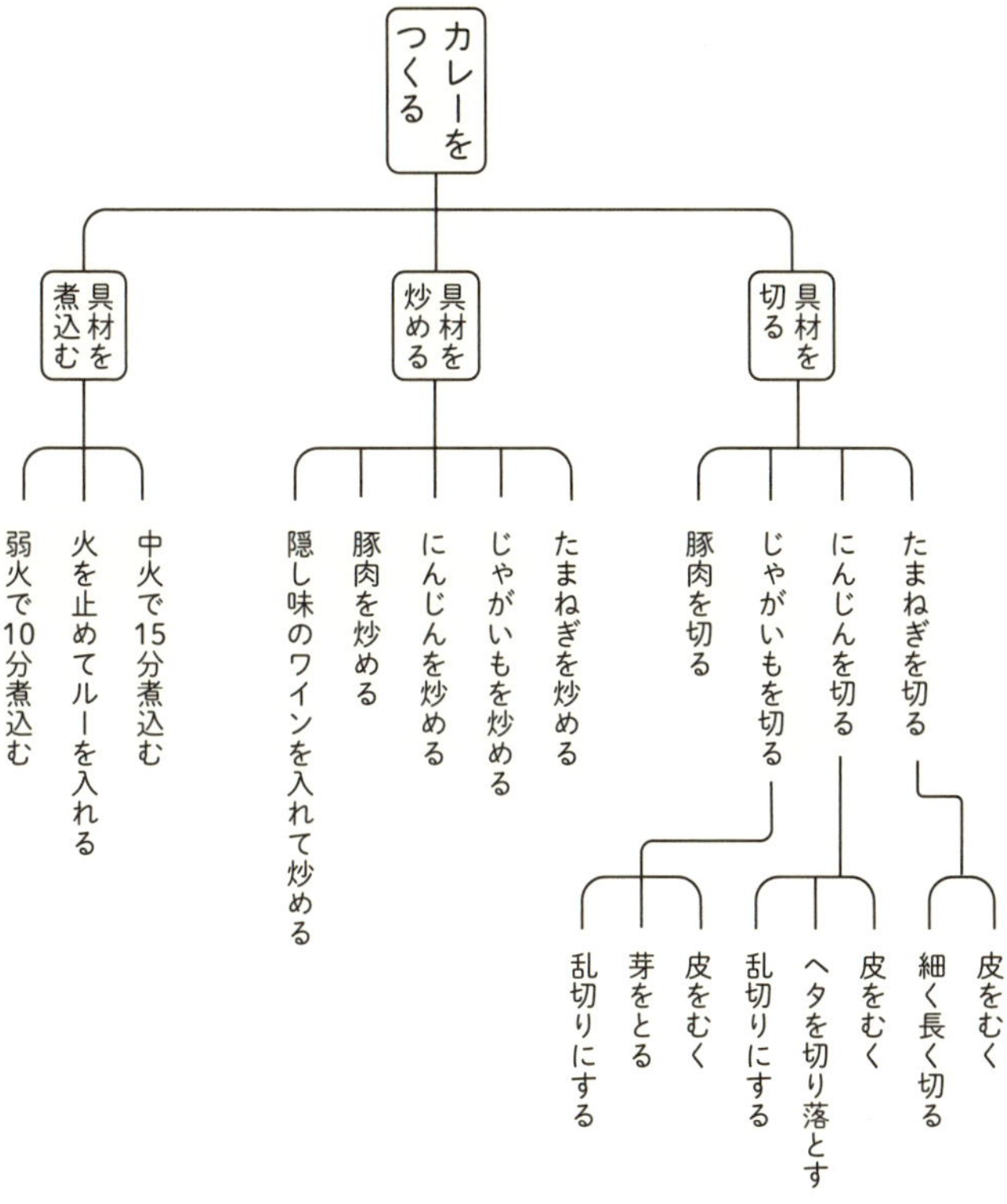

どこまで分解するかは、このプロセスを「誰のために整備しているのか？」というプロセスの受け取り手によって変わる。

ンの皮をむく」ということころまで分解することもできます。

どこまで分解すればいいのか、迷うところです。

それは、**「誰のためにプロセスを整備しているのか？」によって分解するレベルが変わります**。

例えば、小学生が初めてカレーをつくるときのレシピとしてこのプロセスを整備しているとしたら、小学生が理解できるくらい、作業を細かく分解する必要があります。

受け取り手が小学生の場合なら、「ニンジンを洗う」「ヘタを切り落とす」「ニンジンの皮をむく」というレベルまで分解したほうがいいでしょう。

しかし、それが大人向けのレシピなら、「ニンジンを洗う」ことも、「ヘタを切り落とす」ことも、わざわざ書かなくてもわかります。「ニンジンを乱切りにする」で十分です。

このように、**「このプロセスを誰のために整備しているのか」によって分解する細かさは異なります**。

仕事の場合も同じです。

例えば、「会議を設定」という実施事項も、新入社員なら、「参加者の選定」「参加者の予定の確認」「日時決定」「会議室予約」「会議開催通知送付」というように、作業を分解しないとわかりません。

しかし、主任向けだったら、その分解は不要です。

自分のためであれば、自分がわかるレベルでいいですし、新入社員のためのマニュアルや指導ならば、新入社員がわかるレベルにまで分解する必要があります。

「どこまで分解すればいいのか？」と迷ったら、そもそもこのプロセスを誰のために整備しているのか考えてみて、その人に合わせてどこまで作業を分解すればいいのかを考えてみてください。

「どう分解すればいいかわからない」ときの対処法

初めての仕事であっても、これまで経験してきた仕事と似ていたり、作業のイメージができるものであれば、分解するのに問題はないでしょう。

しかし、まったくイメージができないもの、これまでの経験が生かせないものについては、どうすればいいでしょうか？

例えば、部署を異動すると、これまでとはまったく違う仕事を担当することになります。アウトプットイメージはできていても、どうやって進めればいいかわからない。そんなときもあります。

そんなときは、**一人で考えるだけ、時間のムダ**です。

知らないことは、考えてもアイデアや答えは見えてきません。**一人で考えて、誤った方向に進むほうが問題**です。

このような場合は、**先輩や上司、経験者に相談**してみましょう。

ただし、同じ相談するにも理想的な相談の仕方があります。

単に「わからないから教えてほしい」という姿勢ではいけません。**自分なりの考えを持った上で相談する**必要があります。

「自分ではこのような作業を考えているが、不足や間違いがないか」と相談して、アドバイスをもらうのです。

すると、経験者の目線から、足りない作業や誤った作業を指摘し、もっといい方法を教えてくれるはずです。

私も、人材育成の仕事から、まったく畑の異なる商品企画の仕事に異動したときに、このようなアドバイスをたくさんいただき、初めての仕事ながらなんとかやっていくことができました。

例えば、「デザイン審査」という会議の準備と運営を任されたときのことです。

当時の私は、デザイン審査には一参加者として参加したことはありましたが、この会議のために何を準備するべきか、会議当日は何をするべきか、実施項目も作業もまったくわかっていませんでした。関係者も多かったので、どれが他部署がやることで、どれが私がやるべきことなのかもわかっていない状態。

そんなときは、自分一人で考えず、経験者から聞くのが一番確かな方法であることを知っていたので、他車種で、すでにデザイン審査を終えていた担当者に話を聞きました。その結果、審査に参加者として参加していただけでは見えなかった、あらゆる作業を教えてもらえたのです。

自分だけで考えても、わからない仕事はあるものです。考えているだけではわからないことはたくさんあります。アウトプット（今回の例で言えば、デザイン審査）を見たことがあるだけでは、気づけないこともたくさんあります。

先ほどお伝えした正しい相談の仕方を心得た上で、上司や先輩、経験者に相談すれば、知らなかった情報やアドバイスをもらえたり、未然に失敗やリスクを防ぐことができるものです。

わからないときには一人で解決しようとせず、上司や先輩、経験者に話を聞き、正確に作業を分解しましょう。

作業には、必ず理由がある

マニュアルに落とし込んだり、人に作業内容を説明するときに、ぜひやってほしいことがあります。

それは、**その作業をする「理由」や「目的」を明確にする**ことです。

作業には、必ずその作業をする理由があります。

それをわからずにやってしまうと、作業をすること自体が目的になってしまいます。やればいいという状態を生み出してしまいます。

例えば、「顧客情報を管理する」という作業があります。

これはなぜ管理するのか、その意味をわかっていないと、ただの面倒な事務作業になってしまいます。

しかし、「顧客一人ひとりに合ったサービスを提供するため」「営業の契約獲得見通しを立てるため」などの理由や目的がわかれば、それらを理解した上で仕事ができます。

そのほうが、良いアウトプットができるだけでなく、「だったら、この情報もあったほうがいい」という改善をしてくれるようになります。

「なぜその作業をするのか」を理解していると、その目的を達成すること、理由を満たすことを考えて作業をするようになります。

訳もわからずにやる作業のアウトプットと意味を理解した上で出てくるアウトプッ

トには、大きな違いがあります。

マニュアルに落とし込んだり、人にその作業を依頼するときには、作業をする理由や目的を明確にして、相手に説明しましょう。

明日から実践

分解した作業を日単位のスケジュールに落とし込んでみる

【1】

Ｓｔｅｐ2でリストアップした実施事項をさらに分解してみましょう。

「このプロセスを誰のために整備しているのか」を考えて、どこまで細かく分解すればいいかを決めて作業してください。

【2】

分解した作業を日単位のスケジュールに落とし込んでみましょう。

このとき、Ｓｔｅｐ２で考えたスケジュールを調整してもＯＫです。Ｓｔｅｐ２の段階では１週間で終わると考えていた実施事項も、分解をしてみると作業量が多く、１週間以上かかりそうだとわかったら期間を延ばし、その代わりにどこか別の実施事項の期間を短縮するという要領です。

そのように調整しながら、具体的な日付が見えてくるようにスケジュールをつくってください。

Step 4

分解した作業が完了したときに、どんな状態になっていればいいかを考える

ミスが起こりやすい要注意の瞬間

ここまでくると、「どんな作業をすればいいのか」「いつまでにやればいいのか」も明確になり、次々作業を始めたくなるかと思います。

しかし、ここで考えなければならないことがあります。

それは、「どんな状態になったら、作業を完了したと言えるのか」を明確にすることです。

通常、作業をしていると、「この状態になったら次の作業に移っていい」というも

のを頭の中でなんとなくイメージしているものです。

例えば、カレーをつくっているとき、「この状態になったら、炒める作業が完了」「この状態になったら、煮込み作業完了」とわかっています。それを明確に言葉にしていないだけです。

それを明確にするのが、Ｓｔｅｐ４です。

作業の完了状態を定義する

何かしらの作業をすると、その成果として何かができあがります。もしくは、状態が変化します。

例えば、ジャガイモを乱切りにすると、元々は１つのジャガイモが３センチ角の複数のジャガイモになります。玉ねぎを炒めると、元々は白い玉ねぎがキツネ色の玉ねぎに変わります。

メールを送信すると、送信済みのボックスに送ったメールが入っている状態になります。お客様にアポイントの電話をすると、電話が終わったあとには、アポイントの日時が明確になった状態になります。

一つの作業が完了すると、元々の状態が何らかの変化を起こします。

その状態を定義する必要があります。**定義された状態まで変化したとき、作業完了**と言えます。

では、どのように定義すればいいのか？

言葉や文章で定義してもいいですし、**図で表せるものは図にする**と、よりわかりやすくなります。

「3センチ角の複数のジャガイモ」と言われるより、「切ったあとのジャガイモの状態」を写真や図で見せるほうわかりやすいですよね。最近多い料理の動画などは、まさにそれを表しています。炒めたり、混ぜたり、煮込んだり、何かの作業をしたあとに、どんな状態になっているか動画で確認できるので、完了状態がわかりやすくなっています。料理のレシピ本でも、写真が豊富に載っているほうがわかりやすいのも同様です。文章では、材料を混ぜ合わせた後のボウルの状態のように、作業の完了状態を表現するのが難しいことも、図や写真ならひと目でわかります。

アポイントの日時などの情報系は、形がないので、完了状態を図や写真にすることはできませんが、形のあるものはできる限り完了状態を図や写真で表すことをおすすめします。

誰でもわかる「作業完了」基準をつくる

では、見た目が完了状態と合っていたら、次の作業に進んでもいいのでしょうか？
お客様とのアポイントの日時が確定したら、それでいいのでしょうか？
実はここで、忘れてはいけないものがあります。
これを明確にしていないばかりに、やり直しやミスが発生してしまいます。
それは、**「作業完了」と判断するための基準やチェックポイント**です。
この点を明確にしていないと、見た目が合っているからＯＫという曖昧な基準で次の作業に進み、あとからミスや間違いに気づくということが起こり得ます。

クルマをつくる工程で考えてみます。

ネジが見た目では締まっているからOKとして次の作業に移ってしまったら、どうですか？

そのクルマのネジがいつ緩むかわからず、怖いですよね。

でも、例えば、「カチッと音が鳴ったらOK」とか、「〇〇ニュートンまで締まったらOK」というチェックポイントがあったらどうですか？

それなら、きちんと締まっていると自信を持って判断できます。

そして、その判断は誰でもできます。熟練の匠しかわからないようなチェックポイントでは、その人以外の人がネジを締めたら緩んでいる可能性があります。

でも、誰でも判断できるチェックポイントなら、初めて作業をする人でもできるようになります。

チェックポイントは、どんな人でも判断できるものでなければなりません。

このように、客観的にOKとする基準を設けたり、よくミスや間違いが起こりやすい点をあらかじめ明確にし、チェックポイントにしておくことで、ミスや間違い、やり直しを未然に防ぐことができます。

不明確なチェックポイントが引き起こしたミス

私のセミナー受講生がとてもわかりやすい事例を教えてくれました。

この受講生の前の仕事では、トヨタに打ち合わせに行くことがあったそうです。そのとき、レンタカーを手配して、レンタカーでトヨタ本社まで行っていました。

あるとき、新人の女性事務員がレンタカーを手配してくれたのですが、トヨタに行く日にもかかわらず、他社のクルマを手配してしまい、なんだか居心地の悪い気持ちになったと言います。トヨタ社員は取引先のお客様のクルマを気にしませんが、お客様ご自身はやはり気にしてくださっているようです（笑）。

このエピソードは、チェックポイントが明確でないために起こってしまったミスのわかりやすい例です。

完了状態としては、正しい日時でレンタカーが手配されており、間違ってはいません。

しかし、このときに、「打ち合わせ先の会社に関連する車種にするように」というチェックポイントがあれば、きっと女性事務員はトヨタ車を選んで手配したことでしょう。しかし、そういったチェックポイントが明確ではなかったため、その点に気をつけることなく、レンタカーを手配してしまったのです。

ビジネスに慣れている人なら、打ち合わせ先の会社に合わせて、手配する車種を考えるということに気づくかもしれません。

しかし、新入社員には難しい話です。

そのため、マニュアルや指導の際に、あらかじめこうしたチェックポイントを明確にしていなければいけません。

人を責めるな、仕組みを責めろ

トヨタでは「人を責めるな、仕組みを責めろ」という言葉があります。

間違いや失敗を犯した人が悪いのではなく、間違いや失敗をしてしまうような状態・環境になっていることが悪いということです。

つまり、**間違いや失敗を防ぐ仕組みがないことが悪い**のです。

私も新入社員時代にたくさんミスや失敗をしました。そのときに、上司や先輩に言われたことは、**「次に同じ失敗を繰り返さないような仕組みにしろ」**ということでした。失敗をしようと思ってもできないような、そんな仕組みです。

人のせいにしてしまうと、その人がこれから気をつけるという心がけだけで終わってしまい、次も同じ失敗が起こる可能性をなくせていません。

しかし、**失敗をしたくてもできない仕組みをつくってしまえば、心がけという不確かなものではなく、確実に失敗を防ぐことができます。**

ミスを防ぐ仕組みのつくり方

もしあなたが上司や先輩で、部下や後輩を指導する立場なら、事前にこうしたチェックポイントをアドバイスしてあげたり、「次の作業に移る前に、この点を注意して」と指摘してあげてください。

これだけでも、部下や後輩のミスややり直しは、大幅に減らすことができます。**マニュアルにあらかじめチェックポイントを書いておく**というのも、仕組みの1つです。

ルーティンワークなら、チェックポイントを表にして、**チェック表**にしておいてもいいでしょう。

チェック表で確実に確認する仕組みができていれば、ミスを防ぐこと、期待どおりのアウトプットを出すことにつながります。

あなたが誰かに仕事を依頼するのならば、そのときは**作業内容だけでなく、作業完了後の状態とチェックポイントを事前に伝えてから依頼**してください。そうすることで、期待していたとおりのアウトプット出してもらえるようになります。

チェックポイントを明確にしておけば、あなたがそのアウトプットを受け取ったときにチェックするであろうポイントを先取りして、その作業をしてくれた人がチェックしてくれます。そして、そのチェックポイントを満たしたアウトプットを出してくれるようになります。

いいチェックポイント、悪いチェックポイント

チェックポイントを書くときに、多くの人がやってしまう間違いがあります。

それは、チェックする対象を書いていても、何と照合して正しいか、間違っているかを判断すればいいのかがわからないようなチェックポイントです。

例えば、「会議室がセットされているかを確認」というチェックポイントを示されて、わかるでしょうか？

チェックポイント作成者以外、何を確認して、どうなっていればいいのか、わからないですよね？

実際は、「机がコの字型になっているか」「プロジェクターでスライドが投影されているか」「一番後ろの席でもスライドは見にくくないか」「資料がすべての机の上に置かれているか」「ネームプレートは座席表と照合し、間違いないか」というようなチェックポイントになっていなければいけません。

どこをどのようにチェックするのか、何かと照合して間違いがないか確認するなら、その点を明確にしておきましょう。

「点検する箇所」が重要なのではなく、「それがどういう状態になっていればいいのか」を確認することが重要なのです。

先ほどのネジの例だと、チェックポイントに「ネジ」としか書いていないのは、間違いです。「ネジが締まっているか」も曖昧です。

「ネジがカチッと鳴るまで締まっているか」「ネジが○○ニュートンまで締まっているか」と具体的に定義する必要があります。

人に依頼するときにも、「ちゃんとネジを締めてね」ではなく、「カチッと鳴るまでネジを締めてね」とすれば、あとからあなたがチェックしても、ネジは期待していたとおり締められているはずです。

明日から実践

作業完了時にどんな状態になっているか、そのチェックポイントを具体的に考えてみる

【1】

分解した作業のそれぞれの完了状態を紙に書き出しましょう。

形のあるものなら、図や写真で示すといいでしょう。形がないものなら、できるだけイメージしやすいように記述しましょう。サイズなどに規定がある場合には、何センチと具体的に書いておきます。

「少し細かすぎるかな」と思えるくらいでちょうどいいのです。

資料なら、「A4サイズ、両面印刷、カラー、左上をホチキス止めにしたものが人数分できあがっている状態」というぐらい具体的に示します。


【2】

次に、チェックポイントを書いてみてください。

その際には、チェックする箇所だけではなく、どのような状態になっていればいいのかを具体的に記載してください。

また、何かと照合をしなければいけなければ、「何と照合して間違いがないか」というように、照合先も具体的に書いておきましょう。

Step 5 作業をするために必要な「物」「情報」を考える

予想外のムダや手間が発生する原因

あなたにも経験がないでしょうか？

料理をしているときに、買い忘れたものがあって、途中で買いに走ったり、仕事をしているときにあとから必要だということに気づいて、慌てて追加発注をかけたりする――。

そんなとき、作業が止まってしまうだけでなく、もう一度買いに行く手間、発注に手間がかかって、とてもムダなことをしているように感じますよね。

作業するためには、道具や材料が必要です。具材を切るためには包丁が必要です。まな板が必要です。どちらが欠けても作業ができません。包丁がないからと言って、はさみで切ったら、完了状態が変わってしまったり、ムダな時間がかかってしまいます。

事前にまな板と包丁が必要とわかっていれば、準備しておくことができます。まな板がないなら買っておくことができます。

しかし、多くの人は作業が始まる直前に何があればいいかを考え、準備し始めます。そして、そのときに初めて準備するのに時間がかかることに気づき、作業が止まってしまうのです。

準備自体は直前でもいいでしょう。

しかし、何が必要なのかはあらかじめ考え、明確にしておかなければいけません。その物や情報を揃えるのに、時間がかかることがあるからです。

直前だと、揃えるまでの待ち時間が発生してしまい、その時間は待っているだけで何の価値も生み出さないムダな時間になったり、スケジュールに遅れが生じたりします。

また、本来ならまとめて発注したり、まとめて準備すれば済むのに、何度も発注をかけなければいけなくなったり、買いに行かなければならなくなったり、ムダな時間と手間が発生することがあります。

ムダや手間をなくすためには、事前に考えなければいけません。それを実現するのがStep5です。

作業をするには何が必要？

「作業」と聞くと、道具や材料が真っ先に思い浮かぶと思います。

カレーの「具材を切る」という作業なら、まな板や包丁が必要です。「具材を洗う」という作業なら、ボウルが必要です。「皮をむく」という作業なら、包丁でもできますが、ピーラーがあれば便利です。

それらの道具や材料は、個数や大きさも明確にします。「具材を切る」という作業なら、「包丁」ではなく「包丁1本」。「ニンジン」ではなく、「ニンジン2本」「玉ねぎ中1個」「ジャガイモ中3個」「豚肉500グラム」といった具合です。

「資料の準備」なら、「クリップ人数分」「「クリアファイル人数分」となるでしょう。すべての仕事を始める前に、事前に必要な「物」や「情報」を明確にしておくと、「今の在庫ではクリアファイルが足りないから、発注しておこう」ということがわかります。

作業するために特別な部屋の予約や会場が必要なら、それも明確にしておきます。特に場所はあらかじめ明確にしておかないと、直前になって場所が空いていなかったなんてことがよく起こります。

また、その場所に行くための移動時間がかかるときは、その移動時間も考慮してスケジュールを組む必要が出てきます。

「時間」「場所」の確保は、仕事を進める最優先事項

レクサス企画部で新型車の担当をしていたときに、必要な場所を早期に明確にしておくことの重要性を感じた出来事があります。

それは、新型車のマーケティング素材用の撮影をするという仕事でした。撮影場所は事前に申請しておかなければ使えない場所です。しかも、申請してから承認されるまで1週間近くかかる場所でした。

クルマの撮影のためには、当然クルマが必要なのですが、新型車は試作車（商品として発売される前のテスト用のクルマ）なので、数も少なく、使いたい部署はたくさんあるので、手配するのも難しい。クルマを確保するためにスケジュールを調整して、撮影日を設定する必要がありました。

そのような事情を知っていたので、撮影日を決めたらすぐに撮影場所の申請をしま

した。

もし、その事情を知らずに直前に撮影場所の申請をしていたら、撮影日に撮影する場所が使えないという、とんでもないことが起こっていたかもしれません。その機会を逃していたら、試作車の次のスケジュールが空くのは1カ月も先。1カ月先まで撮影ができないという事態になっていたかもしれません。

「行き当たりばったりの仕事の仕方をしていなくて良かった」と感じた出来事です。

「場所」と「時間」は、どんな仕事をする上でも、とても大事な要素になります。

クライアントとのミーティングを設定する際も、まず場所と時間はいち早く押さえなければいけません。特に多忙な相手の場合は、その人のスケジュールをすぐに押さえなければ、どんどん相手のスケジュールが埋まってしまい、自分が入りこめる余地がなくなって、結果的に自分を苦しめることになります。

必要な物や情報を明確にしたときに、予約や確保が必要な場所が出てきたならば、実施事項の一番初めに「場所・時間の確保」という項目を入れることをおすすめします。

あらかじめ必要な場所や時間を明確にしているからこそ、事前のリスク回避が可能になるのです。

「情報」も重要な準備物

では、必要な情報はどうでしょうか?

作業をするのに必要なのは、物や道具、場所、時間だけではありません。「情報」も重要な準備物の1つです。特に、ホワイトカラーの仕事では、情報が準備物になることが多くあります。

しかし実際には、直前に慌てて情報を調べたり、情報をもらうという仕事の仕方をしている人が多くいます。

ネットやSNS、スマホの普及に伴い、手軽に検索し、情報を手に入れられるという認識があるせいで、「事前に情報を集めておく」という意識が低くなっているからです。私たち現代ビジネスパーソンの大きな傾向と言えるでしょう。

逆に、そんな時代だからこそ、「情報も作業をするために必要なものである」と認識し、事前に準備しておく人は、他の人に差をつけられるようになるチャンスだとも言えます。

例えば、「○○さんにメールで依頼」という作業があったとします。そのときに相手のメールアドレスがわからなかったら、作業がそこで止まってしまいます。そのメールアドレスを知っている人が離席をしていたら、その人が戻ってくるまで待たなければなりません。その分だけ、次の作業に移る時間が遅れます。

また、報告書をまとめるためのアンケート結果なども情報の1つです。

アンケート集計を外部に依頼し、その結果を受けて報告書を作成しなければならないとすると、アンケート結果は作業開始までに確実に届くように、事前にスケジュールをつくり、外注先に依頼しておかなければなりません。

報告書だけでなく、会議で判断するために必要な情報があるとすれば、それも会議の前までに情報を入手できるようにしておかなければなりません。

そのようにスケジュールを組めるのも、事前にその情報が必要とわかっているからこそです。

このように、作業に必要な物（場所も含む）と情報を事前に検討しておくことで、あらかじめその前提でスケジュールを組んだり、申請を出したり、依頼したりすることができるようになり、スムーズに作業に入れるのです。

準備物の抜け・漏れを防ぐ方法

作業に必要な物や情報を考えたつもりでも、抜け・漏れが出てしまうことがあります。いざその作業に移ろうとしたときに、必要な道具がないことに気づいたり、データを持ってくるのを忘れたことに気づいたりします。あなたもそんな経験が一度はあるのではないでしょうか？

そんなミスを防ぐためには、**作業している姿や作業の完了状態をイメージする**といいでしょう。

カレーの「具材を切る」という作業も、その姿をイメージしたら、「指を切るかもしれないから、絆創膏を用意しておこう」と考えつくかもしれません。「具材を炒める」作業をイメージしたら、「油が跳ねるかもしれないから、エプロンがあったほうがいいかも」と考えつくかもしれません。

イメージしないと、「具材を切る」ならまな板と包丁を準備して終わり、「具材を炒める」ならフライパンと菜箸を準備して終わりとなるかもしれません。

しかし、イメージすることで、抜け・漏れが防げます。さらに、もっと作業がスムーズにできるものやリスクを防ぐためのものを準備することができるようになります。

仕事の場合でも同じです。

私は仕事をする際には、必ずその作業をしている状況をイメージして、必要な物や情報を用意しています。

例えば、トヨタ時代、レクサス企画部の仕事の1つに、通常はクルマを輸出していない国から特別な依頼を受けて輸出を検討する仕事がありました。要望が多かったのはカリブ海の諸国です。

その場合、これまでその国に出した車種があるかどうか、法規や道路状況で不可となる点はないかなどが判断の基準となるのですが、その判断は技術部の開発サイドにしてもらいます。

あるとき、セント・マーチンから依頼が来たのですが、そもそもセント・マーチンがどこにある国かもよくわからなかったので、その国の地図やどこの領土だったのか、気候などを調べて、判断してもらう場に持っていきました。

やはり、技術部の担当者もその国は知らなかったようで、そういった情報が判断する上で役に立ちました。

判断の場をイメージしたときに、「こういった情報も必要ではないか」と思い、事前準備したことが功を奏しました。

このように、打ち合わせなどに何を持って行くべきかを考えるときにもイメージをしてから準備することは、抜け・漏れ防止に役に立ちます。

これがどんな仕事の場合でもできるようになると、例えば、上司が打ち合わせ中に「あの情報調べておいて」「あれを用意しておいて」と言ったときに、「すでに用意してあります」と、サッとその情報を出せるようになります。

上司からの評価が上がることはもちろんですが、もう一度打ち合わせの時間を取る必要がなくなるので、とても効率的に仕事ができるようになります。

作業のイメージを膨らませて、必要な物、情報を準備する。イメージするというひと手間が抜けや漏れを防ぐのです。

必要な物や情報は必ず用意しなければならないわけではない

この見出しを見て、「今までの内容と矛盾するじゃないか」と思った人もいるかもしれません。

必要と思ったものや情報は、できる限り用意することに越したことはありません。しかし、予算以上にお金がかかることが判明したり、時間がかかることがわかったならば、別のもので代替できないかを考えてみてください。

私が独立したてのときの話です。

資金も少なく、本来はシステムを導入したいものも、経費を節約するために、自分でエクセルで関数を組み、そのシステムと似たような仕組みをつくりました。仕事をする上で、「エクセルだったからミスや効率が悪かった」ということはありませんでした。むしろ、その仕組み自体がその後不要になったので、システムにお金を使うという判断をしなくて良かったと、あとから思ったことがあります。

知恵を絞ったり、工夫したりすれば、余計なお金を使わずに代替できることはたくさんあります。

必要な物や情報を明確にしたら、安易にお金を使うのではなく、「別のもので代替できないか」といったん考えてみてください。それが自身のスキルアップやコストダウンにつながるという思わぬメリットを得られる可能性もあります。

明日から実践

作業をイメージしながら、必要な物や情報を考える作業をしている自分の姿や、作業が完了したあとの状態をイメージしながら、必要な物や情報を書き出してみましょう。その際には、個数も必ず書いてください。

その物や情報を調達するのに時間がかかるなら、事前に申請したり、購入しておきましょう。

詳細なプロセスをつくる大切さ

今回のStep5で、プロセスとスケジュールのつくり込みは完了です。

ここまでで、

「どんなアウトプットを出せばいいか」

「そのために、いつ、何をすればいいか」

「どんな状態になれば作業を進めていいか」

「その作業を進めるためには、何を準備すればいいか」

が明確になりました。

これまで、Ｓｔｅｐ2の実施事項のリストアップやＳｔｅｐ3の作業の分解くらいまでなら考えたことがあったかもしれません。

しかし、そもそも、アウトプットを疑ったり、見直ししてみたりすることから始めて、一つひとつの作業の完了状態やチェックポイントを明確にし、さらに、作業一つひとつを実施するために何が必要かを考えることまでやったことがある人は、これまでの私の受講者やクライアントには一人もいませんでした。

逆に言うと、ほとんどの人がやったことがないレベルまで、しっかりと詳細にプロセスをつくり込んでいるからこそ、トヨタはどこよりも高い品質のクルマを常に生み出し続けられているとも言えます。

そして、社員一人ひとりがムダなく効率的に仕事ができているので、ムダなコストやムダな投資を削減し、利益を最大にし続けられているのです。

さて、ここまでプロセスとスケジュールが明確になれば、すぐに仕事に取り掛かれます。

しかし、あることをすると、さらに効率を上げることができます。

それは、「人を巻き込む」ということです。

トヨタ社員だけが知っている「人を巻き込んで効率化する」技術を次の章から解説していきますので、楽しみにしていてください。

第3章

人を巻き込んで、
さらに効率を上げる

Step 6 作業の役割分担を考える

自分一人でやりきる人が「できる人」という幻想

仕事のプロセスとスケジュールを明確にすると、あらゆることがわかってきます。例えば、「これは忙しい2週間になるぞ」ということや、「この作業は自分じゃなくてもできそうだ」ということ、そして、「これは期限までに求められるアウトプットを出すのは難しそうだ」ということ、などなど……。

そんなとき、まじめな人が陥りがちなのですが、「難しい」と思っても、全部自分で頑張って乗り切ろうとしてしまいます。「人の力を借りると、一人じゃできない奴とまわりから思われそうで嫌だ」という声もよく聞きます。

人の力を借りるのは、できない人のすることなのでしょうか？

答えは、NOです。その逆です。

本当にできる人は、人を使うのも、人の力を借りるのもうまいのです。だから、自分一人ではできないこともやってのけて、評価されます。

自分の得意なこと、自分の時間、自分が作業できる量、それらは限られています。しかし、誰かの手を借りたり、誰かに分担してもらったりしたらどうでしょうか？

一人でできる以上のものができるのです。

一方、仕事ができない人は、自分一人でやりきるのができる人だと思い込んでいます。だから、常に仕事に追われ、余裕がない。そして、出てくるアウトプットも自分の能力以上のものが出せない。

だから、うまく人の力を借りるのは、とても大切なのです。

トヨタには、**「トヨタウェイ」**という経営上の信念・価値観があります。これは、全世界、すべての社員の行動や判断の原則となる考え方です。

それを5つのキーワードで表しているのですが、その中の1つに、**「チームワーク」**というキーワードがあります。

これは、まさに「一人で仕事をする以上の成果をチームで出していこう」という考え方です。

独りよがりで仕事をしても、成果には限界があります。

しかし、チームの力を借りれば、成果は無限大に拡大する可能性があります。

本章では、チームやまわりの人の力を借りて、効率を最大限に高め、成果を最大限に拡大する方法について解説します。

この方法は、とても簡単なのに、多くのビジネスパーソンが現実的にできていないものです。だからこそ、あなたがまわりから飛び抜けるチャンスを秘めているのです。

問題はすでに浮き彫りになっている

ここまで、時間をかけて、プロセスとスケジュールを明確にしてきました。人によっては1時間でつくれた人も、2時間かかった人も、それ以上時間がかかった人もいると思います。

あなたの数時間を投資してできあがったこのプロセスとスケジュールは、たくさんのメリットを生んでくれます。

そのメリットの1つに、「問題をあらかじめ見つけられる」というものがあります。

問題とは、これから作業を進めていく中で、スケジュール的に厳しいところや、自分一人では作業がうまくできないところのこと。

プロセスとスケジュールが曖昧だと、「なんとなくできそう」「なんとなく間に合いそう」と思いがちですが、明確にすることで、**「このままでは〆切までに最良のアウトプットを出せないかも」という問題点**が浮き上がってきます。

この問題を無視して作業を進めても、必ずスケジュールの遅れや作業ができないといった事態が発生します。

この問題は、プロセスとスケジュールを明確にした段階でわかっていることなので、事前にできる限り解決しておかなければいけません。問題が起こってから、「どうしよう！　対策を取らないと」となれば、まわりも自分もハラハラします。そして、ドタバタと焦っている様はスマートではない上、頭と心に余裕がないので、当然ミスも多くなります。

でも、この段階で対策を取れば、ハラハラもドタバタも不要です。まだまだ時間がある中で対策を考えられますし、事前に相談すれば、上司も安心して問題解決に取り組めます。

人の力を借りる前に求められる重要なエッセンス

トヨタ時代、レクサスの商品企画の仕事の中で、急遽人員が一人減ってしまったため、その人が担当していた車種を追加で私が担当することになったことがありました。その車種は新型車だったので、やるべき仕事が同時進行でたくさんありました。

中でも一番〆切が迫っていて、かつ重要度が高かったのが、新型車の「開発者の想い」を海外の販売事業体に説明する資料の作成でした。

その資料を基に、海外の販売事業体は、マーケティングの方向性や訴求方法を検討するため、全世界の、すべてのマーケティング活動の根本となるべき資料でした。

そんな大事な資料だったので、開発の指揮を取っていた技術部の思い入れはとても大きく、その大きな想いを100%漏れなく、しかも、技術に疎い販売担当者でもわかる言葉で説明する必要がありました。

それだけでもとても重要な仕事でしたが、その他にも、米国での販売価格を決めたり、新しい機能の基準価格を決めたり（その車はレクサスのフラッグシップクーペだったので、新機能が盛りだくさんでした）、特別仕様車の企画をするなど、たくさんの仕事を同時進行ですばやく進めていかなければ、立ち行かない状況でした。

加えて、元々担当していたスポーツセダンの仕事も回さなければいけません。

二人分の仕事をしている状況でしたので、無理が生じることは容易に想像がつきました。

そこで、まず私は、**元々担当していた案件に加え、新たに抱えている仕事のプロセスとスケジュールを視《み》える化**しました。すると、やはり明らかに立ち行かない状況が明確になりました。

そして、対応しきれなくなる前に上司に相談。上司やアシスタントの力を借りたりして〆切を調整、アウトプットの完成度を調整、ということを行ないました。

その結果、心理的にも体力的にも健やかに仕事を遂行することができました。

もちろん、計画的に残業をして仕事はしていたものの、「あの仕事ができてない」「あの仕事も終わらなさそう」などと不安になったり、焦ったりしながら仕事をしなくて済みました。

また、上司も私がどれだけの仕事を抱えているか理解してくれていたので、適宜手を貸してくれたり、負担を調整してくれたりしました。

なぜスムーズに、かつうまくいったのか？

ポイントは、**自分が抱えている仕事のプロセスとスケジュールの視える化、明確化、そして、その情報をベースにして、上司やアシスタントの力を借りた点**です。

人に力を借りるにも、自分が抱えている仕事のプロセスやスケジュールを明確化し、共有する必要があります。その共有が、まわりの人の力を借りるきっかけとなり、一人では成し遂げられない仕事を遂行することができるのです。

第2章までにお伝えしたＳｔｅｐ5までが、どれだけ重要であり、自分自身を助けるツールになるかがよくわかるでしょう。

人に任せる仕事の内容基準

プロセスとスケジュールを明確にしたおかげで、いつどんな作業があるか、すべて見えるようになります。

すると、**自分以外でもできる仕事が見えてくる**ようになります。また、**まとめたほうが効率が上がる作業はまとめて作業できる**ようになります。

これは、プロセスとスケジュールが曖昧だったり、なんとなく仕事を進めていると、見えないこと、できないことです。どんな作業があるのかがわからない状態なので、あらかじめ人に依頼することもできず、まとめて作業をやりたいと思っていても、いつどんな作業が出てくるかわからないので、その都度作業をこなしていくようになってしまいます。

そんな仕事の仕方を変えられるようになるのです。

例えば、あるプロジェクトの中で、会議室の予約が複数件あったら、作業を進めてその都度やるよりも、一度にまとめてやってしまうほうが効率的です。

さらに効率を上げるためには、会議室の予約そのものをアシスタントや事務の担当者にお願いするといいでしょう。

事務の担当者やアシスタントがまったくいない職場なら別ですが、仕事のサポートをしてくれる人がいるならば、**自分以外でもできる仕事は積極的にお願いし、仕事を分担**していきましょう。

自分以外でもできるという観点だけでなく、**自分よりも早く、うまくできる人がいるなら、その人に分担をお願いする**のが効果的です。

例えば、データをまとめるのが速い人がチームにいるならば、その人にデータまとめをお願いする。

例えば、システムに強い人がチームや部下にいるならば、その人をシステムの責任者として分担する。

また、最近では**クラウドソーシング**のような安い外注先が増えているので、効率化のために外注するというのも選択肢の1つです。

外注というと余計に費用がかかると思い、嫌がる人も多いようですが、自分でやると作業に5時間かかるなら、それは自分の時給×5時間の費用が発生します。

それに比べて、外注は単価も安く、しかも速くでき、その仕事のプロフェッショナルならクオリティも高い出来となり、外注したほうが賢く仕事ができます。

繰り返しになりますが、こうした**分担ができるのも、事前にすべてのプロセスとスケジュールができているから**こそです。

一人で抱え込まずに、積極的に役割分担をしましょう。あなたの仕事の仕方が明らかに変わっていきます。

成果の良し悪しは依頼の仕方で9割決まる

作業の役割分担は積極的にするべきです。

しかし、役割分担をして人に任せても、思ったようなアウトプットが出てこず、結局自分でやることになったり、やり直しを依頼する時間を取られたりして、効率が上がらないという声も聞きます。

実際にそういう例をよく見かけますし、私自身もそうだったことがあります。

しかし、多くの場合、それは依頼の仕方で変わります。

依頼の仕方次第で、出てくるアウトプットは劇的に変わるのです。

では、どういう依頼の仕方をすればいいのか？

それは、プロセスをつくり込む際に作成した、**スケジュールや完了状態、チェックポイント、必要な物や情報を事前に伝える**ことです。

これで、曖昧さがなくなります。

多くの場合は指示が曖昧なため、依頼者が望むものが伝わらず、作業者が考える最良のアウトプットを出そうとします。

しかし、それはカレーにもさまざまなものがあるように、あなたの期待していたアウトプットではないことが多いのです。

事前にどんなカレーをつくってほしいのか、スケジュールや完了状態、チェックポイント、必要な物や情報を伝えれば、**期待から外れたアウトプットが出てくるリスクを最小限にする**ことができます。

また、**作業を手伝ってくれる人も、作業をしやすくなります。**

依頼相手から思いどおりのアウトプットが出てこない原因

これまで他人に仕事を依頼して、思ったようなアウトプットが出てこなかったのならば、それは**あなたの指示の仕方に原因**があります。

つまり、**曖昧な指示をしている可能性**があります。

例えば、もしあなたが部下に「会議のために、この資料を人数分用意して」と依頼するとします。

とても簡単で初歩的な仕事のように感じますよね。

しかし、この資料は両面印刷でしょうか、片面印刷でしょうか。

資料をまとめるのはクリップでしょうか、ホチキス止めでしょうか。

カラーでしょうか、モノクロでいいのでしょうか。

クリアファイルに入れるべきでしょうか、不要でしょうか。

こういった情報が欠けているので、片面印刷が良かったのに、両面になっていたり、クリップ止めが良かったのに、ホチキス止めになっていたりします。

このように、期待していたアウトプットと実際のアウトプットが異なるのは、依頼する時点で次のような要素の説明が不足しているからです。

◎依頼する作業の〆切日と全体のスケジュール
◎作業の完了イメージ
◎チェックポイント
◎作業に必要な物や情報

これらを説明していれば、あなたが思うような資料が印刷され、会議の場に置かれているはずです。

依頼するときに、「そんなに丁寧にするのは時間がもったいない」と思うかもしれません。

しかし、結果的にやり直しやフォロー、修正などのムダな時間を削減できるので、効率化につながります。

また、分担を依頼する際には、**〆切直前になってお願いすることはできる限り避けたいものです。**

依頼を受ける側にも仕事があり、スケジュールがあります。余裕を持って依頼をされるのと、〆切直前になって依頼をされるのでは、対応できる、できないに差が出ます。

自分が依頼される側だったら当然わかることですが、依頼する側になると疎かにしがちです。

余裕があれば対応が可能なことも、余裕がないせいで対応できない。

そうなると、**困るのは依頼主のあなた**です。

仮に、依頼を受けてくれたとしても、無理をお願いすることが続くと、その人に迷惑をかけるだけでなく、あなた自身の評価も下がります。

急に無理なお願いばかりする人には、人はだんだん協力してくれなくなります。なにより、仕事ができる人には見えないですよね。

なぜあの人は、まわりの人の協力を得られるのか？

作業を任せたい人には早めに依頼をするだけでなく、あることをすることによって、遅れのリスクを大幅に軽減することができるようになります。

私自身、トヨタにいたときに後輩やアシスタントに仕事を依頼するときには、必ずそれをするようにしていました。どんなに忙しいときにもです。

それは、**「作業を依頼した人のスケジュールにも気を配る」**ということです。

その人のスケジュールがとても忙しいにもかかわらず、無理をして依頼を受けてくれることがあります。特に、先輩や上司から依頼をされたら、断りにくいということもあるでしょう。

しかし、そういった無理をしなければいけない状況では、遅れが発生するリスクがあります。そのリスクをなくすためにも、**作業を依頼した人のスケジュールにも気を**

配り、対応可能かどうかの相談をするのです。

依頼を受けたなら、スケジュールは自己責任。そんなことまで面倒見きれないと思うかもしれません。

しかし、そうは言っても、**実際に遅れが出たら、困るのはあなた**です。その人ではありません。

その人のスケジュールにも気を配るのは、あなた自身のためになるのです。

実際に私がトヨタで人材育成の仕事をしていたとき、後輩のアシスタントがいました。その後輩はとても素直で一生懸命なので、私が依頼した仕事を二つ返事で引き受けてくれました。

作業の内容は、研修用のスライドの英訳です。新規に作成したスライドだったので、分量も多く、難易度も高い作業でしたが、その後輩の英語力や実務能力の高さを考えれば、対応できる作業です。

「大丈夫です。やれます」と言ってくれたので、そのまま任せてしまおうかと思いました。

しかし、その後輩の仕事の負荷が気になったので、今抱えている仕事の内容とそれぞれの〆切日を聞いてみたところ、私の仕事に対応するためには、かなり残業しないといけないような状態でした。

この状態で依頼するのは、その後輩の残業量も気になりますし、無理が続くと、彼女自身の仕事にも差し支えてしまうと感じました。

また、依頼した仕事が期限までに終わらないと私も困ります。彼女自身も気に病んでしまうのは申し訳ないことです。

そのため、その時点で彼女とスケジュールの相談をしました。

彼女の抱えている仕事の中で、重要度は低いけれど〆切日が迫っているものを、洗い出しました。その中で、〆切日を延ばせるものはないか検討します。彼女に依頼した人に直接私も相談するなどして、〆切日を延ばしてもらいました。

他にも完成度を下げることで〆切日を守りつつ、負荷を下げることもしました。これも、私から彼女に依頼をした人に了承を得て調整しました。

こうしてスケジュールを調整し、私が依頼した作業をするための時間をつくってもらい、確実に仕事が終わるように事前にリスクを減らしました。

結果的に、彼女は〆切前までに、期待していた以上のアウトプットを出してくれました。彼女のおかげで、海外での研修前に準備しなければいけないものがたくさんあったにもかかわらず、無事に研修を終えることができました。

このように、作業を依頼した人のスケジュールにも気を配ることで、あとからフォローしたり、自分自身でやらなければいけなくなり、仕事が増えてバタバタするリスクを減らすことができます。

そして、事前にこうしたリスク回避をしておくほうが、依頼した側も、依頼された側も、気持ちよく仕事ができるようになります。

スケジュールはどんどん修正する

一度つくったスケジュールは、何としても守らなければならないとか、一度つくったスケジュールは、なるべく修正してはいけないと思い込んでいませんか？

そんなことはありません。

むしろ、スケジュールはどんどん修正してください。

仕事を始める前に修正すべきところはすべて修正し、仕事を始めたら最大限それを守るようにします。

例えば、役割分担をすることによって、当初予定していたよりもスケジュールを短縮することができます。もしくは、短縮せずに、どこかのプロセスの期間を長くし、余裕を持って仕事をすることができます。

また、役割分担を想定して期間を設定していたものの、役割分担ができずに、自分一人でやることになってしまった場合には、当初よりそのプロセスの期間は長くしなければなりません。

このように、プロセスとスケジュールに修正をしなければならなくなった場合、すでにつくったスケジュールを修正しないままでは、現実にそぐわなくなり、絵に描いた餅になってしまいます。

変更があれば、すぐにスケジュールを修正し、対応しましょう。
一度作成したスケジュールは、それで完成ではなく、適宜見直しをすることによって、より現実的なスケジュールとなります。

明日から実践

自分でなくてもできる作業、自分よりも他の人のほうが得意な作業は、人の力を借りてみる

【1】

Ｓｔｅｐ5までにつくり上げたプロセスとスケジュールを見てみましょう。
どこかスケジュールに無理があるところはありませんか？
自分でなくてもできる作業はありませんか？
別の人のほうが得意な作業はありませんか？

まとめたほうが効率が上がる作業はありませんか？

外注したほうが安くできる作業はありませんか？

これらの視点から、プロセスとスケジュールを見て役割分担を考えましょう。


【2】


役割分担を考えたら、作業を他人に依頼しなければなりません。

依頼をする際には、スケジュール、完了状態（できるだけ詳細に、図や写真があればそれを見せる）、チェックポイント、作業に必要な物や情報を事前に作業をする人に伝えましょう。

こうすることで、期待していたとおりのアウトプットを得ることができるようになります。

Step 7

関係者にプロセスとスケジュールを共有する

人に見てもらうことで、プロセスやスケジュールはもっと良くなる

つくったプロセスやスケジュールは自分が使うものだからと、誰にも見せずに終わらせてしまう人が多くいます。あなたはどうでしょうか?

自分一人でつくったプロセスとスケジュールは、まだまだ甘いところがあったり、見落としがあったり、現実的でなかったりします。そのプロセスとスケジュールに沿って仕事をしても、うまくいく可能性は高くはないでしょう。

では、どうすれば、その可能性を広げられると思いますか？

それは、**プロセスやスケジュールを関係者と共有する**ことです。

これは、とても簡単でシンプル。なのに、なかなかやろうとしないことです。

報連相が苦手な人、独りよがりで仕事をしがちな人には難しいことかもしれません。

しかし、苦手でも共有することで事前に成功する可能性を広げられると考えたらどうでしょうか？

時間にすれば30分もあればできることです。面倒に思わずできるだけ共有することをおすすめします。

実際、私のクライアントは、経営者や事業責任者の方などがほとんどですが、皆さん、部下からプロセスやスケジュールを見せてもらったことがないと言います。

ただ、その人自身も、何か大きなプロジェクトや施策を実施するときのプロセスやスケジュールを部下や関係者と共有することはあまりないと言います。

これは、とてももったいないことです。

プロセスとスケジュールを共有することのメリットは、たくさんあります。あなたが部下でも上司でも同じです。

もしあなたが上司だったら、積極的に部下と共有してみてください。「**プロセスやスケジュールを関係者と共有する」という空気を自らつくる**ことで、まわりの人も共有することの重要さに気づき、次第に共有するようになるはずです。

まだ共有をしたことがないならば、ぜひ明日からやってみてください。あなたのプロセスとスケジュールは、さらに良くなるはずです。

プロセスとスケジュールを共有するメリット

では、プロセスとスケジュールを共有すると、どんなメリットがあるのでしょうか？

関係者や上司に共有すると、彼らの知見や経験から、とても有益なアドバイスや指摘、サポートをもらえます。

例えば、**自分がつくったスケジュールに無理があることを、事前に指摘してもらえたり、スケジュールを守るためのリソースを割いてくれたり**します。

あるいは、**自分一人では気づかなかった作業や準備物の抜け漏れを指摘**してもらえる可能性もあります。

このような指摘やアドバイス、サポートをもらうことによって、プロセスやスケジュールはより実現可能で、実践的になっていきます。

私自身も、仕事を始める前にはプロセスとスケジュールを関係者と共有していました。それは、上司だけでなく、サポートをしてくれるアシスタントも同様です。

上司の視点からのアドバイスはもちろんですが、**実務の知識や細かな情報はアシスタントのほうがたくさん持っています。**

アシスタントにもアドバイスをもらうほうが、よりプロセスとスケジュールが良くなることが多くありました。

例えば、クルマの手配関係は、私よりもアシスタントのほうが詳しく、スケジュール上厳しいときには、その旨を指摘してもらえました。いつも手配を依頼していたため、自分自身では気づかないことも、実際に手配の作業をしてくれていたアシスタントのほうが知っている情報がたくさんあったのです。

上司や関係者からの無用なプレッシャーがなくなる

事前にプロセスとスケジュールを関係者に共有するメリットは、これだけではありません。

自分で作成したプロセスとスケジュールは、言わばあなたの仕事の進め方そのものです。

それを事前に可視化し、共有していれば、**上司や関係者から「あの仕事どうなっている?」「任せて大丈夫だろうか?」とフォローされたり、心配されることがなくなります。**

上司側からすると、安心して仕事を任せられるようになります。

つまり、あなたが作成したプロセスとスケジュールが、**上司と部下のコミュニケーションツール**の役割も果たすようになるのです。

上司から「あれはどうなっている？　これはどうなっている？」と急かされると、部下としてはウンザリしたり、気まずい思いをしたりします。一方で、上司としては、部下の仕事の進捗管理も責任のうちですし、何の報告もない状態が続くと、仕事が止まっているのではないかと心配になります。

しかし、事前に仕事の進め方を共有しておけば、「このプロセスとスケジュールなら大丈夫だろう」と上司は安心し、部下としても上司から無用にフォローされることはなくなります。お互い win-win の状態で仕事を進めることができるのです。

アドバイスや指摘を最大限生かす方法

上司や関係者にプロセスとスケジュールを共有すると、いいアドバイスや指摘をもらえるのですが、それをメモするだけで終わってしまう人がいます。

これでは意味がありません。

メモをしただけでは、多くの人は書いた内容を忘れてしまいます。メモをしたことすら忘れてしまう人もいます。

では、どうすれば、**もらったアドバイスや指摘を最大限生かす**ことができるのでしょうか？

もらったアドバイスや指摘に沿って、すぐにプロセスとスケジュールを修正してください。できれば、**アドバイスや指摘をもらったその場で修正する**ことをおすすめします。

単にメモを取るだけではなく、プロセスとスケジュールに直に書き込んだり、パソコンがその場にあれば、パソコンで修正してしまうのです。

その場で修正したほうがいい2つの理由

その場ですぐに修正したほうがいい理由は、大きく言って2つあります。

1つ目は、**修正した後、再度共有するための時間を取る必要がなくなる**からです。小さな修正ならそもそも再度時間を取る必要はありませんが、修正点が大きい場合は、再度共有したほうが安心です。その場合、全員の時間を取って、打ち合わせの場を設定するのは手間であり、時間を要します。しかし、その場で簡単に修正してしまえば、その時間と手間は不要になります。

修正はきれいにする必要はありません。手書きでもいいですし、見栄えは多少悪くても、パソコン上で取り急ぎ直して、あとでちょっと整理すればいいだけです。

修正の仕方がまずかったら、その場で再度指摘をもらえるので、とても効率良くプロセスとスケジュールを修正できます。

2つ目の理由は、**その場で修正しないと、修正をするのが億劫《おっくう》になる**からです。

一度完成したと思ってしまうと、それを直すのは余計な手間に感じてしまうものです。もしくは、ほとんど完成したからと後回しにしてしまううちに、指摘内容を忘れてしまうリスクもあります。

そんなことが私自身もよくあったので、後輩を指導する際には、その場で修正するように指示していました。疑問点が出たらその場で聞きながら直せるので、その場で修正するほうが速く完了するのです。

これら2つの理由から、よほど時間がない場合を除き、その場で修正することをおすすめします。

超効率的に仕事が進む報連相の理想のタイミング

クライアントの経営者の方からよく聞く言葉に、「部下からなかなか報告が来ない」というものがあります。

これは私のクライアントだけでなく、あなた自身やあなたのまわりの上司もよく嘆いていることではないでしょうか？

上司にとっては、「いつ報告してくれるのだろう」とやきもきすることのないよう、部下にとっては、報連相はどんなタイミングですればいいか迷うことのないよう、進捗報告のタイミングをあらかじめ決めておきたいものです。

とはいえ、報連相のタイミングを決める基準わからないという声をよく聞きます。

一番簡単な判断の基準は、**「人によってOKかNGか判断が異なりそうなとき」**です。

例えば、資料作成の最初の作業に「骨子を作成する」というものがあります。

たとえ、骨子作成の完了状態やチェックポイントを決めていても、「この内容で過不足がないだろうか？」ということは人によって判断が異なります。

別の言葉で言えば、あなた自身が１００％自信があるとき以外は、報連相をするべきです。「自分はＯＫだと思うけれど、上司はどうだろう？」と思ったときが報連相のタイミングです。

できれば、上司や関係者にあらかじめ「ここで一度、相談の時間を取らせてもらいます」ということを伝えておくといいでしょう。

上司にとっては、どのタイミングで報連相をしてくれるのかを事前に知ることができて安心します。

もし他にも必要なタイミングがあれば、事前に「ここでも一度相談の時間を入れてくれないか？」と言ってもらえたり、「骨子作成とレイアウト作成の2つの作業が終わってから、まとめて報告を入れてくれればいいよ」と言ってもらえたり、事前に認識のすり合わせができるでしょう。

こうした認識のすり合わせができるのも、プロセスとスケジュールを視える化し、共有しているからです。

今まで、上司と部下とのコミュニケーションに悩んでいた人は、まずはプロセスとスケジュールを視える化し、共有して、報連相のタイミングをあらかじめ決めておきましょう。

進捗報告のタイミングが決まったら、その場ですぐやるべきこと

進捗報告のタイミングが決まったら、すぐにやっておくべきことがあります。その場でやれば、それだけで効率が上がるものです。

それは、**「進捗報告の具体的日時をその場で決める」**ことです。

上司や関係者への進捗報告のタイミングを決めても、具体的な日時が決まっていなければ、直前になって上司の予定が埋まってしまっていたり、打ち合わせの時間が取れないことが多々あるものです。

その場で決めてしまえば、打ち合わせ参加者はあらかじめ時間を空けておいてくれます。打ち合わせの参加者が多いと、予定が空いているか、確認や調整に時間がかかりますが、その場で決めてしまえば、あとから一人ひとり確認するより効率的です。

その場で予定がわからない人もいるかもしれません。それでも、わかる人だけでいくつか候補日を決めておけば、個別に確認する人数は減らすことができます。

トヨタでは、打ち合わせの設定はアシスタントがやってくれました。とてもありがたいことですが、関係者が多かったり、職位が上の人は忙しかったりして、調整にとても時間がかかっているようでした。

そういう状況も知っていたので、私は次の打ち合わせの日時はできる限り打ち合わせ中に決めてしまい、調整をしなくて済むようにしていました。

「次はいつにしましょうか？」

このひと言だけでOKです。

もちろん、メンバーや状況によって難しい場合もありますが、できる限りその場で決めてしまうことは、**ムダな時間の短縮につながる**ことはもちろん、**「本来やりたかったタイミングを逃さない」**という観点からも有効です。

こんな簡単なことで、30分〜1時間の短縮ができるようになります。あなたが理想とするスケジュールどおりに、進捗報告会を実施することができます。

打ち合わせの最後に、ぜひ「次はいつにしましょうか？」のひと言を言ってみてください。

明日から実践

つくったプロセスとスケジュールを上司や関係者と共有する

【1】

つくったプロセスとスケジュールを紙やデータにまとめ、上司や関係者と共有しましょう。この時点ではきれいにまとめる必要はありません。見てわかる、読める程度で十分です。

上司や関係者には、「○○の仕事のプロセスとスケジュールを作成したので、事前に確認をお願い致します」と言って、打ち合わせに来てもらうようにしましょう。

【2】

その場でもらったアドバイスや指摘はすぐに修正してください。紙であれば、直接書き込んだり、消して書き直したりすればOKです。データであれば、見栄えは気にせず、パソコン上で直してしまいましょう。

報連相のタイミング、その打ち合わせの日時設定も忘れずに。

Step 8

スケジュールの進捗管理

スケジュールをただの「目安」にしていませんか？

スケジュールを作成しても、なかなかスケジュールどおりにはいかないものです。問題が起こったり、想定以上に時間がかかってしまったり、体調を崩してしまって、作業ができなくなったり……。

最初からすべてスケジュールどおりに進められるとは限りません。

一生懸命仕事を進めていても、遅れが出てしまう。それは仕方がないことです。

しかし、仕方がないからと言って、それで終わりにしてしまうのか、挽回するのかで、結果は大きく変わります。

多くの人は、遅れが出ても放っておいてしまい、スケジュールがただの「目安」になってしまいます。これでは、せっかくすべてのステップを経て、関係者にアドバイスまでもらって完成させても意味がありません。

大事なのは、「遅れが出ないことよりも、遅れたときにどうするか」です。

では、スケジュールの遅れにどのように対処すべきか？　その方法を解説していきます。

スケジュールに遅れが出たときにまずやるべきこと

スケジュールに遅れが出たら、あなたはどうしますか？

多くの人は、あとで挽回しようと思って、できるだけ急いで今の仕事を片付けようとします。もしくは、その場で挽回策を考える人もいます。

確かに、遅れをなんとか挽回したいと考えると、すぐに何かしらの行動に移りたくなるものです。もちろん、それらは「きっとあとで取り戻せるはず」と思って何もしないよりはよほどいい方法です。

しかし、遅れが出た時点で真っ先にすべきことがあります。

それは、**「なぜ遅れたのかの原因を考える」**ことです。

この原因が明確になっていないと、「遅れを取り戻すために頑張ろう」という心がけだけで終わってしまいます。

遅れが出たのには、必ず原因があります。まずはその原因を探すことで、正しい挽回策や再発防止を図ることができます。

原因を追及せずに挽回策を考えてしまうと、効果が上がらず、挽回ができずに終わってしまったり、挽回しようとする矢先に同じような問題が起こり、さらなる遅れが発生してしまったりします。

焦る気持ちもわかりますが、まずはなぜ遅れが発生したのかを、すぐに突き止めてください。

トヨタの原因探し

トヨタではプロセスとスケジュールを明確にしているので、遅れがどこで発生したのか、何が想定外の事態だったのか、何が問題だったのかが、すぐにわかるようになっています。そのため、原因探しもすぐにできるようになります。

この原因探しは、トヨタの現場でよく見かけます。

トヨタの現場では、異常や問題が発生したらライン上にある紐を作業者が引いて、ラインの流れを止めます。「一作業者が勝手にラインを止めるなんて！」と驚かれるかもしれませんが、**「問題が発生したら、すぐにその問題を解決する」**というトヨタの姿勢そのものです。

問題が発生しているのを認識しているのに、ラインを止めずにいたらどうなると思いますか？

異常箇所や不具合を含んだクルマがそのまま流れてしまいます。そして、それが最終的にはお客様にお届けするクルマになるのです。異常や不具合のあるクルマをお客様にお届けするなんてあってはいけないことです。

「最後に検査するからいいのではないか？」と思う人もいるかもしれません。しかし、トヨタでは、**「検査の理念は、検査しないことにあり」**という言葉があります。

つまり、検査に頼らず、一つひとつの工程で、一人ひとりの作業者が品質を担保するのです。

もちろん、トヨタにも検査工程はあります。しかし、それは最後の砦《とりで》。本来なら、各工程で異常や不具合を出さないようにしなければなりません。

私が新入社員のときに、研修の一環で工場に実習に行っていました。その際には、高岡工場の検査工程で、完成車両の抜き取り検査をしている現場で見習いをしていました。

そこでは、不具合や異常が見つかったら、すぐにその工程のグループリーダーが検査の現場に来て、不具合箇所を確認し、原因を調べ、再発防止策や対応策を実施していました。

問題があったら、すぐに原因を調べ、対応する。そのためには、恐れずにラインを止める。

それが、トヨタの問題解決方法です。

トヨタのスケジュール挽回&再発防止策の土台

この理念と対処法は、現場のみならず、私が働いていたホワイトカラーの職場でも、問題や遅れが発生したら、すぐに原因を調べ、対応していました。

私が人材育成業務に従事していたとき、遅れの原因を探すことで、再発防止をすることができた事例をご紹介します。

海外の事業体の研修の進捗管理の仕事をしていたときのことです。

トヨタには、仕事の進め方に関してトヨタの独自のメソッドがあります。「自工程完結」もそのメソッドの1つです。

それは、日本のトヨタだけでなく、全世界のトヨタで共通するメソッドであり、全員が習得することを目指し、必修の研修としています。

しかし、必修と言いつつも、なかなか研修受講者の数は増えず、なんとか研修受講者の数を増やそうとしていました。

進捗管理の仕事は、そのために始まった施策であり、私が主担当として行なっていました。具体的な施策の内容は、海外事業体内で何月に何人受講させるという研修実施計画を立て、それを実施し、3カ月ごとに日本の本社の私のところに結果を送付するという流れでした。

そもそも、「なぜ必修の研修なのに、なかなか受講者の数が増えないか？」。

日本のトヨタの場合、新入社員研修や主任前研修などで一斉に受講させることが可能ですが、海外の場合は、全員が一斉に入社するわけではありません。新入社員も入社時期はバラバラ、中途採用も当たり前。

そんな状態なので、日本のように一斉に実施することができず、何月に何人受講させるという計画を立てて、研修を実施しなければなりませんでした。

しかし、「必修」とは言っても、仕事が忙しかったり、急な出張が入ったり、病欠などで欠席する受講予定者が多く、なかなか計画どおりにいかず、遅れが発生していました。

私は3カ月ごとに結果を集計し、遅れが多い事業体や地域統括に電話をし、遅れの原因を調べるように、担当者と話をしました。

当初は、遅れの原因、つまり、「なぜ受講予定者が来なかったか」について調べていない事業体がほとんどでしたが、進捗管理をすることで、遅れの原因を調べる習慣がつくようになりました。

そして、遅れの原因を調べることで、対策や再発防止ができるようになり、遅れが出る事業体が少なくなっていきました。

当初は「次の3カ月で挽回する」と言って、結局挽回できない事業体がほとんどでした。むしろ、遅れは広がっていました。

しかし、遅れの原因を調べてもらい、その再発防止策や原因を踏まえて挽回策を検討してもらうようになると、「挽回する」という心がけだけで終わっていた状態が、実際に挽回されたり、遅れが少なくなるという結果につながったのです。

どんな遅れがあって、どんな対策をしたのか？

その詳細は、次の項目でお話しします。

計画やスケジュールは、「立てて終わり」になりがちなものです。

だからこそ、進捗管理をして、遅れが出たらその原因を突き止めると、結果が変わってくるのです。

スケジュールが常に遅れ続ける人、挽回できる人の違い

スケジュールに遅れが出ても、今の作業を予定より早く終わらせてなんとか挽回できることもあります。

しかし、せっかく挽回しても、またすぐに遅れが出てしまう。常にいたちごっこの

状態……。

または、挽回すらできずに、常に遅れが拡大し続けてどうにもならない状態になり、スケジュールをつくったものの、結局実現できなかった……。

そんな状態になっていませんか？

スケジュールが常に遅れ続ける人と挽回できる人には、違いがあります。

挽回できる人は、そのときの遅れを取り戻そうとするだけでなく、再び同じような問題や遅れの原因が発生しないようにします。再び遅れが出ることを予防するのです。

では、どうすれば再び遅れが出ないように予防ができるのか？

それは、**原因から再発防止策を考え、すぐに実施する**ことです。

原因がわかったら、すぐに再発防止策を考えてください。もたもたしているうちに、再度同じ原因で問題が起こり、遅れが発生しては、挽回が難しくなります。

先ほどのトヨタの研修の進捗管理の事例では、よくある不参加の原因が、「仕事が忙しい」「急な出張が入った」というものでした。

これらの原因に対して、どのような対策を取ったか？

海外事業体の担当者と私は、さらに深堀りして考えました。

仕事が忙しいということは、つまり、「優先順位として研修受講が別の仕事より低い」ということです。忙しいというのは、研修の時間を何か別の仕事に充てたいということであり、別の仕事のほうが優先順位が高いわけです。

そこで、研修の優先順位を高めてもらうための施策を検討しました。

考えた結果、「受講者の上司に事前に研修内容やその意義、効果、そして具体的な受講日のレターを送る」という対策を取りました。

上司が研修の存在やその重要性を認識していれば、その日に受講できるよう、仕事を調整したり、部下のカバーをしてくれるようになるからです。

それまで、研修受講について部下本人から事前に説明がない限り、上司は何も知らない状態だったので配慮がされず、結果として、上司が急ぎの仕事をふってしまったり、部下が手持ちの仕事を優先せざるを得ない状況になっていました。

「急な出張が入ってしまった」というのも同じです。上司がその日に研修があることを認識していないため、出張を指示していたのです。

翌月から、受講者の上司へ事前に人事部からレターを送り、研修内容とその意義、受講日を伝えるようにしたところ、翌月から遅れが減少していったのです。

このように、きちんと原因を突き止めて、再発防止策を取ることで、同じ問題が起こったときに、遅れるリスクを軽減できます。

遅れの挽回策を考える

再発防止策を実施したら、すぐに挽回策を考えてください。もしくは、状況によっては、先に挽回策を考えるという方法もあります。

再発防止策の実施に時間がかかる場合や、すぐに挽回策を実施しないと、さらに遅れが拡大してしまう場合には、再発防止策の検討・実施よりも先に挽回策を実施することもあります。

ただし、どちらの場合でも、**最初に原因を調べることを行なってください**。

そのあとに再発防止策か、挽回策ということになります。

基本的には、再発防止策の検討と実施が先ですが、そのときの状況に応じ、柔軟に変更してかまいません。

遅れの挽回策は、例えば先の例だと、「その日に研修を受講できなかった人のために、後日、別日程で研修を再度開催する」という挽回策を実施しました。それは、「翌月に受講者をスライドさせる」ということでもありました。

挽回策を考える際は、「そのときに存在するリソースで、最大限の挽回を図るためには、どうすればいいのか」を意識してみてください。

ただ、遅れの挽回策は、常に問題が起こってから対処するため、後手後手になってしまいがちです。そのぶん、本来なら要しないはずの時間や手間、費用がかかります。

先の例で言えば、研修を後日に変更するための調整の手間や時間。研修講師に再度研修を行なってもらうことによる講師の時間や費用のムダ。施設を借りる必要があれば、その施設使用料などです。

そのため、基本的には挽回策と再発防止策はセットで行なうようにしてください。

一人で挽回が難しいとき、「悪い知らせほど、すぐに報告」

最大限の挽回策を考えても、どうしても一人で解決できそうにないときがあります。例えば、作業量的に一人では対応できなかったり、他部署を動かさなければならなかったり、本来ならかからないはずの費用が発生してしまうときです。

そんなときは、**「誰かの手を借りる」**ことを考えてみてください。

事前にプロセスとスケジュールを共有していると、こういう場面でも役に立ちます。状況を説明しやすい上、どこで遅れが出たのか、プロセスとスケジュールを一緒に見せて説明すれば、より理解してもらいやすくなります。

また、**事前に共有しているからこそ、協力意識も芽生えやすくなります**。何も聞かされていない仕事を突然手伝ってと言われるより、事前に説明を受けている仕事のほうが快く協力する気持ちになれるのは、誰でも同じでしょう。

また、こういった遅れや問題が発生したら、協力者だけでなく、上司にも報連相をしてください。遅れや問題は、あなたにとっては都合の悪い事実かもしれません。バツが悪いかもしれません。**報告をためらう気持ちはわかりますが、悪い知らせほど、すぐに報告をするべき**です。

トヨタには、**「バッドニュース・ファースト」**という言葉があります。

悪い報告こそすぐに、優先的にするという姿勢を表しています。これは、悪いニュースほど人は隠したいという心理状態をわかった上で、トヨタの中でのある種のルールになっています。

問題や遅れを隠して、一人でなんとかしようとすると、多くの場合、傷口は広がるからです。

それよりも、早く上司や関係者にその悪い状況を共有してもらい、みんなで対策を取ることの重要性をトヨタでは全従業員に伝えています。

そのため、報告を受けた上司も叱ったり、部下を責めてはいけません。そうではなく、**「報告してくれてありがとう。それで、対策案はどうする?」**という対応をするように言われています。

私自身、何人もの上司に「バッドニュース・ファースト」をしてきましたが、叱責されることはありませんでした。「それで、原因と対策はどうする？」と言われました。

あなたがもし上司や先輩の立場なら、同じような対応をしてください。あなたがもし部下や後輩の立場なら、恐れずに「バッドニュース・ファースト」をしてください。

「バッドニュース・ファースト」を使うときの前提条件

私も、レクサス企画部に在籍していたときに、「バッドニュース・ファースト」をしたことで周囲や上司の協力を得られて、なんとか仕事をやりきったことがあります。

前述のとおり、新型モデルと既存の自分の担当車種の二車種を担当していたとき、仕事が山積みで、とても忙しい時期がありました。

事前に、それぞれの仕事の状況やプロセスとスケジュールを上司に共有していたので、上司の協力もあり、なんとか仕事を回すことができました。

しかし、それらの車種とは別件で、新しい機能や装備、オプションの国内価格を決める仕事をすべての車種担当者に急にふられることになりました。

私はホイールの価格決めをふられたのですが、すでにスケジュールはいっぱいで、どれもが〆切の迫った仕事でした。

それでも、なんとかやりきろうと、無理矢理ホイール価格を企画する仕事を追加すると、スケジュールに遅れが出始めました。元々がめいっぱい忙しい状況でなんとか回るようなスケジュールでしたので、やはり対応が間に合わなくなってきたのです。

そこで、すぐに上司に遅れを相談しました。

まさに、「バッドニュース・ファースト」です。

その結果、ホイール価格の企画を上司が代わりに引き受けてくれることになりました。私の着手している他の仕事との優先順位やこれからの私の育成という観点から、どれを上司自身が受け持つべきか考えてくれて、ホイール価格の企画を完全に上司に分担してもらえることになりました。
この**挽回策が取れたのも、事前にプロセスとスケジュールを共有していたから**です。もし、私が事前にプロセスとスケジュールを共有していなかったら、今の私の仕事量や忙しさを知らず、上司は仕事が回らない奴だと私のことを評価したかもしれません。

しかし、事前にプロセスとスケジュールを共有していたため、相談した際にもすぐに理解を示してくれて、物理的に仕事量に無理があることをわかってくれました。

また、私自身も、プロセスとスケジュールをつくっていなかったら、遅れが出ていることを認識せず、「たぶん間に合うだろう」と、すべての仕事を無理矢理こなし、結局最後に〆切に間に合わなかったという事態になっていたかもしれません。

遅れへの挽回策を考えて、一人でどうにもならなかったら、他人の力を借りましょう。他人の力を借りることは、自分ができなかったことを認めるようで、抵抗があるかもしれません。

しかし、その抵抗感のせいで、結局間に合わなかったり、手を抜いてしまって満足のいくアウトプットを出せなかったら、それはアウトプットの受け取り手に迷惑がかかります。相手からの評価も下がります。あなた自身が無理をして体を壊すかもしれません。

そうなるよりも、他人の力を借りてください。事前にプロセスとスケジュールを共有していれば、理解も協力も得られやすいはずです、安心して依頼してみてください。

協力者が見つからず、遅れの挽回が難しいときの対処法

運悪く、どうしても協力者が見つからなかった場合はどうするか？

どの会社も今は人手不足で、みんなが忙しい状態です。しかも、働き方改革の流れもあり、残業が制限されている職場も多いことでしょう。

そんな中で協力者を見つけるのは難しい場合もあります。

そのときは、**スケジュールとアウトプットの見直し案を考えてください。**

〆切を少し延ばすことはできないか。アウトプットのレベルを少し下げることはできないか。それらを検討してみてください。

例えば、〆切を1日延ばせばなんとかなるなら、大幅な変更はいりません。そうではなく、**1週間単位で延長が必要な程度なら、アウトプットのレベルを下げることを考えましょう**。

そもそものアウトプットの目的を鑑みたときに、許容できるレベルまで下げることはできないか。例えば「10ある機能のうち、8で対応することはできないか」などを考えます。

このときに注意しなければならないことは、スケジュールやアウトプットのレベルを変更したとき、「目的はそれでも達成できるかどうか」という点です。**スケジュールを守ることを優先して、目的が達成できないようなアウトプットを出してしまったのでは、本末転倒**です。

例えば、スケジュールを1日遅らせると、イベントに間に合わなくなってしまったり、お客様からクレームが来てしまうのでは意味がありません。

同様に、スケジュールを守るため、アウトプットのレベルを落としすぎて、機能しないシステムやバグだらけのウェブサイトを納入されたのでは、お客様の目的は達成できません。

目的は達成される上で、どこまでが許容範囲かを考えて、見直し案をつくりましょう。

見直し案を考えたときに必ずやるべきこと

スケジュールとアウトプットの見直し案を考えたら、必ずやっておきたいことがあります。

それは、**「考えた見直し案は、独断で進めずにしっかり承認をもらうようにする」**ことです。

これを忘れたら、その仕事は絶対にアウトプットの受け取り手や依頼主に満足してもらえません。どんなにすばらしい見直し案でも、どんなにそこから頑張って見直し案どおりにアウトプットを完成させても、まったく意味がなくなります。

そのくらいとても重要なことなのですが、多くの人がこれをしていないせいで、アウトプットの受け取り手に迷惑をかけたり、相手の信頼を失ったりします。

考えた見直し案がいいかどうかをアウトプットの受け取り手に確認し、合意を得ることが重要です。

独断でアウトプットのレベルを下げたり、1日くらいは大丈夫だろうと、連絡もしないで遅れる人がいますが、それはあなたの信頼を失う行為です。

アウトプットの受け取り手に対し、誠意をもって事前に相談をしましょう。

それができていないために、上司に怒られたり、まわりからいい加減だと思われてしまっては、それまであなたがどんなに頑張っていたとしても、理解してもらえません。

信頼を得るのは時間がかかりますが、信頼を失うのは一瞬です。

〆切は、アウトプットの受け取り手との約束です。また、要求されたレベルでのアウトプットを出すことも約束です。

「少しくらいならいいだろう」と思い約束を破ってしまうと、その失った信用を取り戻すのは大変です。

確かに、納期を延ばしてほしいと相談することや、レベルを少し下げさせてほしいとお願いすることは、仕事ができなかったことを認めることであり、気まずい思いをするでしょう。場合によっては、受け取り手から叱責《しっせき》されることもあるかもしれません。相談をしたくないという気持ちは誰にでもあると思います。

しかし、**そんな状況だからこそ、誠意をもって相談すれば、約束を守る人だと、逆に信頼してもらうことにもつながります**。

たった1日であっても、事前に遅れてもいいかどうかという確認の連絡があれば、しっかりしている人だなと感じます。

連絡も相談もなく遅れたり、アウトプットのレベルを下げる人が多いからこそ、あなたの信頼度は上がるでしょう。

事前の合意をしないまま、遅れと低いアウトプットを出した人の顛末

実際に、私が経験した、信頼度が大きく下がった事例があります。

独立してから、私がウェブサイトの制作を依頼した会社がまさにそんな状態でした。期限になっても完成したとの連絡がなく、こちらから催促して初めて、納期を延ばしてほしいと言われました。それで2週間納期を延ばしたにもかかわらず完成せず、さらに2週間延ばしてほしいと言われました。そして、期限より1カ月遅れて納入されたサイトはバグだらけ。

もう二度とその会社とは取引をしないと思いました。

その会社は、事前に期限延長の相談がなかっただけでなく、求めていたアウトプットのレベルに達しない状態で納入しました。

そのため、私がすべてのページをチェックして、約200個の修正点を見つけ、そ

こから再修正をしたので、結局、期限より1カ月半遅れてのサイトオープンとなってしまいました。

自分がアウトプットの受け取り手になると、このように事前に報告や相談がないのは本当に困りものだなと感じます。そして、その会社への信頼度はゼロになりました。事前にアウトプットの受け取り手に相談し、合意を得ることの重要性を感じた出来事でした。

アウトプットの受け取り手は、遅れや低い品質のアウトプットが出てくると、本当に困ります。そして、確実に相手の信頼を失います。

見直し案を出す際は、必ず事前の相談と合意を得るようにしましょう。

明日から実践

スケジュールの進捗管理をして、早めに遅れに対応する

【1】

作成したプロセスとスケジュールは、毎日進捗管理をしましょう。そして、遅れが出たら、たとえ1日であっても、すぐに原因を調べましょう。

原因がわかったら、再度遅れが発生しないように再発防止策を考え、実施しましょう。

【2】

また、原因に対して、挽回策を検討し、実施しましょう。

どうしても一人では対応しきれないときには、誰かの助けを借りるか、それでも難しいようなら、納期の見直し、アウトプットのレベルの見直しを考えましょう。

見直し案を考えたら、すぐにアウトプットの受け取り手の承認を得るようにしましょう。

決して、独断で見直し案を進めたり、「少しだからいいだろう」と相談なしに納期を延ばしたり、アウトプットのレベルを下げたりしないようにしましょう。アウトプットのレベルや内容、そして、納期は受け取り手との約束です。

第4章

次の仕事へつなげる仕事術

仕事が終わったあとは、絶好の成長タイミング

プロジェクトがすべて終わったとき、あなたはどうしていますか？

使った資料をまとめてファイルに入れて、「さて、次の仕事」となっていませんか？

日々たくさんのプロジェクトや作業に追われている忙しいビジネスパーソンにとっては、１つの仕事が終わったら、すぐに次の仕事に取り掛かりたくなるのは当然かもしれません。もしくは、同時並行で行っている別のプロジェクトに意識を集中させてしまうこともあるでしょう。

そのくらい、忙しく毎日働いていることを承知の上でお伝えします。

仕事が終わったあとは、改善のゴールデンタイムです。

この時間をムダにするのは、とてももったいないことです。

もう仕事は終わったのに、何を改善するのか？

そうお思いかもしれません。

しかし、改善するものが、まだ残っています。

それは、**今回つくったプロセスとスケジュール、そして、アウトプットの改善**です。この仕事の中で起こった問題やスケジュールの遅れ、こうしたらもっと良かったという別のプロセスのアイデア、想定から変更になったアウトプットなど、仕事の中にはたくさんの学びがあります。

仕事をしている真っ最中では、「こう改善しよう」「次回は気をつけよう」と自然に反省をしているのですが、**仕事が終わって少し経つと、全部忘れてしまうのが人間**です。

だから、忘れる前に反省し、改善点を考えなければならないのです。

しかし、ほとんどの人がこのゴールデンタイムをムダにし、反省することなく次の仕事に移っています。

毎日忙しくて反省する時間をつくるのがもったいないと思うかもしれません。しかし、15分あれば反省点を5つは挙げられるでしょう。30分あれば、しっかり反省できます。

この15分、できれば30分を取るか取らないかで、その後の成長と仕事の効率が変わります。

その仕事で得た学びを確実に自分のものにする。

そうすることで、グンと成長スピードは速まります。

まわりがやらないからこそ、自分はやる。

人よりも早く成長するチャンスなのです。

プロセスやアウトプットを反省し、改善点を考える

例えば、スケジュールに遅れが発生したとき、何が起こっていましたか？

なぜ遅れたのでしょうか？

対策や改善点は何でしょうか？

仕事をしている間は、なんとかその問題や遅れに対処します。もしかしたら、最善の策ではないかもしれません。もしかしたら、そもそも問題や遅れが発生しないための防ぎようがあったのかもしれません。

本来なら、その場で再発防止策と挽回策を実施するべきです。

しかし、そのときは、ゆっくり時間を取って原因や再発を防止するための対策をする時間がないかもしれません。そのため、仕事が終わったこのゴールデンタイムに、問題をもう一度振り返り、再発防止策や事前策を考えてみてください。

そして、それは次回、プロセスやスケジュールをつくるときに、「こういう作業は遅れが出やすいから、少し長めに作業時間を設定しよう」「間違いが発生しやすいパターンだから、事前に関係者にしっかり説明するようにしよう」というように生かすことができます。

また、当初想定していたアウトプットやプロセスから変更が生じることがあります。作業を進めていくうちに、もっと良いアウトプットが見つかったり、作業を進めていくことで見えてくることもあり、変更が生じるのです。

そんなときは、「なぜ変更が生じたのか？」を考えてみてください。自分自身のアウトプットやプロセスの認識が浅かったのか、それとも、外的要因なのか。自分の認識不足が原因なら、次回からはどんなことに気をつければいいのか、についても反省してみましょう。

仕事が終わった直後は記憶も鮮明で、改善点がたくさん出てきます。出てきた改善点は、次回の仕事で必ず役に立ちます。それがまったく異なる種類の仕事であったとしても、貴重な経験や学びとして生かされます。

改善点を考えるのは、自分の問題を浮き彫りにするようで、抵抗があるかもしれませんが、さらに仕事のムダややり直しをなくすために、必要な要素になるのです。

次の仕事をラクにこなすための秘策

改善点の振り返りだけでなく、**次の仕事を楽にするための下準備**もしておきましょう。これがあると、次に同じ仕事をするときだけでなく、類似の仕事をするときにも役に立ち、効率がグンと上がります。ミスやムダもなくなります。

それは、**マニュアルとフォーマットをつくっておく**ことです。

これがあれば、次回、同様の仕事があったときに、さらに効率化して仕事をすることができます。

あなたが異動になったとき、マニュアルがあると、引き継ぎがとても楽になります。後任者にとってもありがたいですよね。

また、あなたが忙しいとき、マニュアルがあると、作業の一部を手伝ってもらいやすくなります。マニュアルがあるおかげで、指示がしやすくなります。マニュアルを見れば仕事ができるので、依頼される人にとっても、安心して作業を進められます。

自分自身にとっても、マニュアルは役に立つのです。

マニュアルは人のため、部署のためと思いがちですが、そうではありません。マニュアルがあれば、あなた自身が繰り返し行なう仕事のときに助かります。

仕事中にしか気づけないポイントが存在する

私もマニュアルのおかげで助けられたことがあります。

私が人材育成の仕事で頻繁に海外で研修を実施していたときのことです。マニュアルをつくっておいたおかげで、出張前に準備物を用意するときには、「必要な物や情報」を見て、それを揃えればいいので、忘れ物の心配がなくなりました。

「ここに書いてあるものを用意してほしい」と人に依頼をすることもできます。

そして、忘れがちなチェックポイントを思い出させてくれたりします。

仕事をしている最中でしか気づけないポイントも、マニュアルに書いておけば、事前に気づき、注意することができます。

研修で行なう筆記テストで、こんなことがありました。

その研修は、海外の事業体でトヨタ独自のメソッドを教えるトレーナーを育成する研修でした。トレーナーになるためには、筆記テストと模擬研修をして、合格点に達しなければトレーナーには認定されません。

筆記テストでは、記号問題ではなく、文章を書くものがほとんど。海外の人はかなり字が雑で、読めないことも多いので、テストの採点にとても時間がかかってしまったことがありました。

受講者は1回につき20人近く。問題数は50問以上ありました。ただでさえ採点には時間がかかるのに、読めないとなると、読むために余計な時間を取られました。そして、結局読めないので、一緒に出張していた米国人のチームリーダーに聞いてみたり、本人に確認したりしました。

こんな状態だったので、採点がスムーズに進みませんでした。

そこで、テスト前に「筆記体ではなく、ブロック体で。できるだけ丁寧な字で書いてください」と依頼をする」ということをマニュアルに書いておきました。それをテスト前に依頼したところ、前回よりもだいぶ見やすい文字で記入してくれて、採点を早く終えることができました。

これは、事前にはなかなか予想できないことですが、一度研修を実施したときに気づき、それをマニュアルに記載しておいたおかげで、次のときに助かった事例です。

マニュアルがなければ、その点について忘れていたと思うので、マニュアルの効果を実感しました。

ルーティン仕事を効率化するおすすめツール

マニュアルだけでなく、フォーマットにしておくことも重要です。

何度も繰り返す仕事は、フォーマットをつくることによって効率化することができます。フォーマットにすることにより、こちらから細かく記載事項などを説明しなくても、フォーマットに沿って、空欄を埋めてくれます。記載事項の漏れもなくなります。

あなた自身の手間が大幅に削減できるのです。

例えば、私がレクサス企画部に在籍していたときの話です。

1つのモデルは、数年に1回マイナーチェンジやフルモデルチェンジがあるのですが、それ以外にも毎年クルマは改良されています。何を改良するかは、各地域にヒアリングして、その要望を基に決めていきます。

例えば、「他地域で使っている電動シートのリクライニングをうちの地域でも使えるようにしたい」というものや、「木目のパネルをうちの地域でも導入したい」などです。そのヒアリングは毎年、米国、カナダ、中南米、中国、中東、アジア・オセアニア、ヨーロッパ、アフリカ、日本と、全地域で行ないます。

私がレクサス企画部に異動になった1年目には、ヒアリングには特にフォーマットもなく、各地域がそれぞれのフォーマットをつくり、要望を提出していました。

その結果、地域ごとのフォーマットを解読するのにとても時間がかかりました。また、こちらでほしい情報が欠けていることも多く、追加で詳細な情報を質問する手間も時間もかかっていました。

さらに、その要望は、技術部の開発サイドにも共有し、改良の可否を判断してもらうのですが、英語に不慣れな技術部の担当者にとってはさらに理解しにくく、「これって、どういうこと?」という質問もあとからたくさん寄せられました。質問する技術部の人にとっても、私にとっても、ムダな時間がかかる結果になっていました。

全車種がそんな状態だったため、効率化を進めるべく、全車種の担当者が集まり、フォーマットを統一することにしました。

統一したフォーマットに変えた1年目は、地域の担当者にとっても慣れない作業になってしまいましたが、2年目からは慣れていきます。こちらも、全地域が同じフォーマットなので、情報を読み取りやすく、しかも、過不足ない情報を得られるので、大幅に要望内容を把握する時間を短縮することができました。

それだけではありません。

担当車種が変わったときにも、見慣れたフォーマットで仕事ができるので、効率を下げずに済みました。かつては、同じ地域の中でも車種の担当者によってフォーマットが異なっていたので、車種が変更になると、また見慣れないフォーマットで要望内容を解読しなければいけなかったのですが、その手間がなくなりました。

技術部の担当者にとっても、全地域が同じフォーマットになったので、どこに何の情報が書いてあるのかがわかりやすくなり、確認の質問が大幅に減りました。

このように、**ルーティンになっている仕事はフォーマットをつくることで大幅に効率を上げる**ことができます。

時間の効率だけでなく、ミスややり直し、ムダがなくなるので、モチベーション高く、仕事をグングン進められるようになります。

職場全体の効率化のためにできる超シンプルなこと

最後に、ぜひあなたにやっていただきたいことがあります。

ここまでのステップで、しっかり仕事のプロセスとスケジュールをつくり込み、その上で仕事を進めていくことの有効性を感じていただけたと思います。

また、一人で仕事を抱え込むのではなく、人の力を借りることで、仕事の効率が上がり、困ったときにも助けてくれる人がいる安心感を理解していただけたと思います。

そこで、最後にしていただきたいことがあります。

それは、**一つの仕事を終えたあと、そのときの学びや改善点、そしてつくり上げたマニュアルやフォーマットをまわりの人と共有する**ことです。

直接的にあなた自身のためというより、あなたの職場の効率化のため、後輩や部下の指導・育成のためであり、最終的にはまわり回って、あなたのためになることです。

例えば、トヨタの現場では**「作業標準書」**と呼ばれるマニュアルが、必ずすべての工程でつくられています。このマニュアルは、「自工程完結」の要領、本書でご紹介した「超効率仕事術」の要領で、プロセスとスケジュールを整備し文書にしたものです。

それが職場に共有されているので、誰でもその作業ができる状態になっています。

そのため、忙しい人のヘルプに別の人が入ったり、誰かが休んでしまったときにカバーしたりすることができるのです。

マニュアルが共有されているおかげで、仕事が属人化せず、柔軟に対応ができます。

そして、いろいろな人がその作業をするので、多くの人の目に触れることで、改善も進みます。

また、先ほど例に挙げた要望のヒアリングをするためのフォーマットを、全車種担当が同じフォーマットを使ったことで、他の車種に異動になったときも、困ることなく仕事を進められました。

共有することで、自分にとってもメリットになり、チームや職場全体のメリットになります。

あなたが学んだこと、作成したものは、ぜひ積極的に共有してください。

あなたが与えれば、誰かもきっとその行動に続き、共有の波は広がります。その波がいずれ、あなた自身にも返ってきます。そのときには、チーム全体、職場全体、会社全体が効率化されていきます。

その波をつくる最初の一歩を、ぜひあなたから踏み出してください。

今までお伝えしてきた「超効率仕事術」は、あなた一人で完結することもできます。

それでも、今までの仕事の仕方より十分効率的に、ミスややり直しをすることなく、また、ムダなく成果を上げられるでしょう。

しかし、**人の力を借りることにより、もっと効率化は進みます**。プロセスはもっと良くなります。作業はもっと楽になります。問題が起きたときにも協力し、相談に乗ってくれる人ができるようになります。

そのためにも、まわりの仲間にぜひ共有してほしいのです。

その行動が、あなたの仕事の仕方をさらに劇的に変えてくれます。

大きな変化は、小さな１つの行動から変わります。

良いものをまわりとどんどん共有し、小さな変化から大きな変化を起こしてみてください。

あなた自身、そして、あなたの職場が変わっていくはずです。

おわりに

最後までお読みいただき、ありがとうございます。

私は、トヨタで「自工程完結」のメソッドに出会い、仕事の仕方が大きく変わりました。仕事の仕方がわからず、悔しさや無力感を持ちながら仕事をしていた日々が変わりました。

こうした変化が起きたこと、そして、このメソッドは本当にすばらしいと心から思い、そのメソッドを全世界に普及させる仕事ができたことをとても幸運だと思っています。

トヨタから独立した今も、このメソッドをベースに体系化した「超効率仕事術」を企業研修や経営者向けのコンサルティングでお伝えし、各社の効率化に貢献できていることはとても光栄に思っています。

社会の中で一生懸命働いている多くの人にお伝えし、楽しく生き生きと働く人をできるだけ増やしたいとの思いで、この本を書きました。

本書には、私のメソッドのすべてを余すところなく書いています。

そのため、もしかしたら、一読するとたくさんの情報があり、「実践するのは難しそう」「実践するのは面倒だ」と感じた人もいらっしゃるかと思います。

しかし、本書に書かれていることを最初からすべて実践する必要はありません。どれか1つでもいいので、実践してみることからスタートしてください。

例えば、何をしたらいいのかがわからない曖昧な仕事を、作業レベルまで分解してみる。

これだけなら、できそうに思えませんか？

または、アウトプットに100％自信が持てないときには、上司や関係者に報連相をする。これだけでもいいでしょう。

「明日から実践」の箇所に書いてあることだけやってみるだけでもＯＫです。

どれか１つの要素、どれか１つのステップでいいので、ぜひ実践してみてください。そして、それに慣れたら、また１つ、また１つと少しずつ増やしていければ、気づいたころには、あなたの仕事の仕方は大きく変わっていることと思います。

実践すればしただけ、仕事の仕方を変えていける。

そんな本を私も昔読んでみたかったなと思い、昔の自分を思い出しながら書きました。そして、この本を通して、仕事の仕方で悩む人の悩みを少しでも解決できればと思っています。

このような貴重な機会をつくってくださったフォレスト出版の皆さんに、たいへん感謝しております。本当にありがとうございました。

また、トヨタで私を育ててくださった上司や先輩の皆さんに深く感謝申し上げます。今の私があるのは、上司や先輩のご指導があったからです。一緒に仕事や時間外活動を頑張ってきた同僚や後輩の皆さんにも深く感謝申し上げます。トヨタにいた時間が楽しかったのは、そんな同僚や友人たちがいつもそばにいてくれたからです。

トヨタから独立した今でも、飲み会に誘ってくださったり、金沢まで遊びに来てくださったり。そんな先輩や後輩、同僚の皆さんの温かさにいつも救われています。本当にありがとうございます。

そして今、こうして最後まで読んでくださったあなたにも、心から感謝申し上げます。

あなたの毎日が、この本をきっかけに少しでも変わっていき、もっともっと楽しく、生き生きと働けるようになることを願ってやみません。

2018年11月

渡邉英理奈

【著者プロフィール】

渡邉英理奈（わたなべ・えりな）

業務効率化コンサルタント。

宮城県仙台市生まれ。東北大学文学部卒業後、トヨタ自動車入社。５年間、トヨタの海外事業体の人材育成に携わり、「トヨタの問題解決」や「自工程完結」を全世界約100事業体に向けて教育。特に、「自工程完結」の考え方は、長年概念として受け継がれてきたものを初めて体系立てて、整理し、社内テキストの執筆や研修講師として全世界の事業体に普及させた実績を持つ。研修対象は、日本国内のトヨタ事技系社員だけで２万人以上。海外事業体を含めると、数万人を超える。

その後、本人が一番やりたかったレクサス企画部に異動し、３年間商品企画を担当。仕事内容が全く異なる中でも、「自工程完結」メソッドを実践し、通常１車種担当の中、２車種を任されるが、残業時間は会社規定の360時間の中で収めて、数々の実績を出す。

2016年12月にトヨタを退社し、業務効率化コンサルタントとして独立。中小企業やベンチャー企業の経営者向けに業務効率化のコンサルティングを行ない、効率化により社内のミスやムダをなくし、残業時間の短縮、コスト削減や売上アップに貢献。また、一部上場企業から中小・零細企業のビジネスパーソン向けに、「超効率仕事術」のセミナーや社員研修を行なっている。

◎著者公式サイト・メルマガ登録　http://watanabeerina.com

トヨタ社員だけが知っている超効率仕事術

2018年12月3日　　初版発行

著　者　渡邉英理奈
発行者　太田　宏
発行所　フォレスト出版株式会社
〒162-0824 東京都新宿区揚場町2-18　白宝ビル5F
電話　03-5229-5750（営業）
03-5229-5757（編集）
URL　http://www.forestpub.co.jp

印刷・製本　中央精版印刷株式会社

ISBN978-4-86680-016-5　Printed in Japan
乱丁・落丁本はお取り替えいたします。

トヨタ社員だけが知っている
超効率仕事術

読者の方に無料
特別プレゼント

トヨタの効率化

（動画ファイル）

著者・渡邉英理奈さんより

「世界一効率化している企業、トヨタではどんなことをしているのか？」というテーマで著者・渡邉さんが解説しているセミナー動画（動画ファイル）です。あなたの仕事の効率化を進める上でのヒントが詰まった動画になっています。ぜひダウンロードして、日常の仕事にお役立てください。

特別プレゼントはこちらから無料ダウンロードできます↓

http://frstp.jp/toyota

※特別プレゼントはWeb上で公開するものであり、小冊子・DVDなどをお送りするものではありません。

※上記無料プレゼントのご提供は予告なく終了となる場合がございます。あらかじめご了承ください。